英文読解を極める

「上級者の思考」を手に入れる5〜

北村一真 Kitamu　azuma

NHK出版新書
698

英文読解を極める──「上級者の思考」を手に入れる5つのステップ

目次

校閲　Lisa Gayle Bond
　　　金子亜衣
図版作成　手塚貴子
DTP　佐藤裕久

英語上級者は何を考えているのか

「英語の難しさ」には種類がある

　一般に私たちが英語を読めることの利点について考える時、わかりやすいイメージとして浮かんでくるのは英語のニュース記事を用いて幅広く情報収集をしたり、ベストセラー小説を娯楽として読んだりといったことだと思います。

　ネット上でも英語の情報が圧倒的に多く、また、話題の新作も全てがすぐに邦訳されるわけではないため、英語の記事や書籍をある程度自在に読めることのメリットは確かに大きいと言えます。

　それでは、新聞雑誌の記事やヒット小説などを、言葉の壁をそこまで感じることなく読むにはどれくらいの英語の読解力が必要でしょうか。

　じつは、難関大学の入試の英語を突破した人でもこのレベルに到達している人は少数派だと思われます。というのも、新聞記事であれ小説であれ、もっと言えばブログやSNSなどの投稿であっても、日本の学習者の基準から見ればかなり難度の高い英語、上級者向けの英語が用いられているからです。

　言い換えると、私たちが「英語が読めるようになった」という実感を得るためには、そういう難しい（とされる）英語にもある程度は対応できるようにならなければならないということです。

　しかし、この「難しい英語」という言葉はシンプルに見えて意外に厄介です。実際のところ、英語を読む際の「難

しさ」というのは様々な要素で構成されており、一筋縄ではいきません。誰もが思いつく単語や文法の難しさに加え、文化的知識の有無に左右される難しさや、日本語への訳しづらさなど多様な側面があります。

さらにそれぞれの難しさの中にもレベルが存在していて、外国語の学習者だからこそ感じるものが多いのはもちろんですが、じつは英語の母語話者にとってさえ厄介なものもあります。

こういった多様な難しさを攻略し、英語を読む力を高めようとするなら、「英語（英文）の難しさ」といった言葉でまとめて表現してしまっているものを一度切り分けて、それぞれの特徴を見極めることが必要です。

以上のような考え方に基づき、本書では英語を読むことに伴う難しさのタイプを、「①文の構造」「②文章の構造」「③語彙」「④言葉の使い方」「⑤翻訳に関連するもの」に分類して、それぞれの特徴や攻略法を具体例とともに解説しています。

ひとまず、この序章では本書の全体像が見えるよう、5つの難しさのパターンの例を簡単に示しつつ、各章でどのように掘り下げていくかを紹介しようと思います。

なぜスラスラ読むことができないのか

英文を難しくする大きな要素の1つが文の構造です。個々の単語はほとんど理解できるのに、それらがどうつな

がっているのかが判然としない厄介な英文に悩まされた経験は誰しもがあるのではないでしょうか。

　もちろん、中には母語話者でも頭を抱えるような難文（悪文）もありますが、大半の文に関しては多少複雑に見えても上級者はスラスラと読んで理解しています。どうしてそれが可能かというと、読みながら後に続く構造をかなり正確に予想しているからです。

　少し例を挙げてみましょう。次の英文を読んでみて下さい。

　1. Efforts are being made to increase semiconductor
　　　supplies.

　ひょっとすると、being made to increaseをつなげて読んで「努力が増加させられている」とはどういうことだろうかと悩んだり、made to increaseのところで一瞬止まって構造を確認したりした人がいるかもしれません。

　しかし、英語の上級者であれば、この英文を読む際に文法構造について考えるということはほとんどないと思います。to increase...が出てきた時点で、Efforts「努力、取り組み」の内容を説明していると判断し、全体は「半導体の供給を増やす取り組みがなされている」といった意味だと解釈できるはずです。

　なぜそれが可能かというと、Efforts are...と文が始まっ

た段階で、後ろからto不定詞句などの要素がEffortsの内容や対象を説明するはずだと予測しているからです。

このような予測法は英語のインプットを大量に行うことで徐々に身についていくものですが、どういう理屈でそういう予想ができるのか、また、日本語話者の視点からはどのような部分に特に注意すればよいのかということを知識として持っておくと、その習得を速めることが可能です。

第1章では、このように学習者の視点からすると一見複雑に見える英文を、上級者はどういう思考回路でスピーディーに読み解いているのかを説明します。

言いたいことの全体像をつかもう

文の構造や意味がある程度わかるようになった人がぶつかることが多いのが文章の読み取りです。

「一文一文の意味はわかるのだが全体で何を言いたいのかが見えてこない」というのは中級学習者の悩みとしてよく耳にするものです。文章の流れをスムーズに理解するためには、まずは、文と文との結びつきを正確に把握できるようになること、続いて、英語の文章の典型的な型を知ることが大切です。

特に前者では複数の文の意味的関係にどういう論理パターンがあるのかを理解し、加えて、それを表現するための具体的な形を知っておくことがポイントになるでしょう。

以下の小説からの抜粋の例で確認してみたいと思いま

す。19世紀の作品ですが、この部分に関しては古い英語の知識は必要ありません。主人公のキャサリンと結婚したい男性と、キャサリンの父親の会話の場面です。財産の多くを使い果たしてしまっていることに難色を示す父親に対し、男性は自分が残り少ない財産をやりくりしながら生活していること、それゆえ慎重にお金を使える人間であることを訴えます。それに対する父親の返答です。

2. "That you should take too much care would be quite as bad as that you should take too little. Catherine might suffer as much by your economy as by your extravagance."

— Henry James（1880）*Washington Square*

　文と文との結びつきについて話をする前にまずは少し複雑な第1文の語句と文の構造を確認しておきましょう。Thatが名詞節を構成する接続詞になっていて、That … care までが主語、would beが動詞、quite as badが補語というSVCの構造です。

　構造

That you should take too much care（S）

　　　　　　　　　　　　　　　　would be（V）

　　　　　　　　　　　　　　　　quite as bad（C）

さらに、補語の部分でas ... as 〜「〜と同じくらい…」という原級比較が使われており、比較対象である 〜 の部分にも主語と同様にthat you ... littleという名詞節が配置されています。

　2つのthat節に含まれるshouldは判断の対象となるthat節の中で用いられるもので訳出の必要はありません。したがって、この文の意味は「あなたが慎重過ぎることもあなたが軽率過ぎることと同じくらいにまずいだろう」となります。

　この前提で第2文に目を向けてみましょう。構造としては第1文よりシンプルで難しくないはずですが、第1文との関係がどういうものか読み取れるでしょうか。

　結論から言うと、この第2文は第1文の内容を異なる角度から言い換えたもので、それにより第1文の発言の意図をより詳しく伝えるものになっています。

　一見すると、かなり異なる語句が用いられているため、意外に思うかもしれません。しかし、第2文で新たに出てきた表現を見ていくと、Catherine might sufferの部分が第1文のbadに、your economyの部分が第1文の主語のthat節に、そして、your extravaganceの部分が第1文の後半のthat節に対応していることがわかります。

　かつ、これら3つの対応は全てが同じベクトルではないという点にも注意が必要です。2つ目と3つ目は「慎重過ぎる／軽率過ぎる」ことの結果をeconomyとextravaganceという1語の名詞で言い換えたものであるのに対し、1つ目

はbadの内容を「誰がどうする」という文に当たる形で具体的に説明したものになっています。

構 造

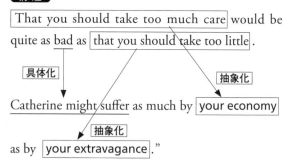

That you should take too much care would be quite as bad as that you should take too little.

具体化

抽象化

Catherine might suffer as much by your economy

抽象化

as by your extravagance."

第1文の具体的な箇所を抽象的に、抽象的な箇所を具体的に表現することで、結果として第1文の発言の趣旨をより明確に伝えているというわけです。

このような流れが見えていれば、たとえばeconomyという語を「経済」という意味だと思い込んで混乱するといったことも避けられるのではないでしょうか。もちろん、このeconomyは「倹約、節約」という意味で、第2文全体の意味は「キャサリンはあなたの贅沢と同様に倹約にも苦しむかもしれない」となります。

文と文との関係性の把握や、文章の構造はどの言語でも問題になりやすいところであり、英語の母語話者も勉強する中で身につけていくものです。実際、2のような文章の

読み取りは母語話者でも面倒だと感じるかもしれません。

　ただし、日本語と英語とでは典型的な文章の型や、その結びつきの表現の仕方にかなりの差があるため、日本の学習者の視点から特に注意すべきポイントというのも多く存在します。第2章が扱っているのはこういった文章の流れを読み取る際の課題とそれに取り組むための方法論です。

効率のよい暗記の方法

　文や文章の読み取りについて述べましたが、もちろん、それらの構成要素になっているのは個々の単語であり、英語の文章を読む上で語彙力の問題を無視するわけにはいきません。

　しかし、語彙の難しさも全てが同じレベルにあるというわけではないことに注意が必要です。次の2例を見てみましょう。

3.　Is this a roach motel?
　　これはごきぶり捕獲器？

4.　She wrote under a pseudonym.
　　彼女はペンネームで執筆した。

　個人差はあると思いますが、中級レベルの日本の学習者にとってはどちらの英文の下線部も少し厄介に感じる表現

ではないかと思います。

　一方、英語の母語話者の視点から見ると、3の roach motel は特にこの言葉の発祥の地であるアメリカでは10歳未満の子供でも知っていておかしくない語句と見なされるのに対し、4はその年代には少し難しいと感じる人がいるかもしれません。実際、十代後半の学習者を対象とした母語話者用の単語集でも4の単語は取り上げられています。

　両者の違いとしては、3が日常生活で用いる具体的な道具の名称であるのに対し、4は少し抽象度の高い概念を表現するものになっているという点です。

　多様なジャンルの英語を読むということを考えた場合、両方のタイプの単語を知っているに越したことはないのですが、日本の大人の学習者の視点から言うとじつは母語話者にとって難しい4のタイプのほうが、学びやすさや、学べる情報量の点から重要な単語ということになります。

　接頭辞の pseudo- というのは pseudophilosophy「疑似哲学」や pseudoscience「疑似科学」のように学問の名称や専門用語などとともによく用いられるものですし、さらに、「名前」を意味する後半の -nym も synonym「同義語」、antonym「対義語」、acronym「頭字語」など多くの言葉の中で目にします。

　これらの語や接辞などの知識をすでに持っている人は仮に pseudonym という言葉が初見であっても、一度意味を確認しただけですぐ覚えられるでしょうし、反対にそういう

知識がない人はpseudonymという語の成り立ちを学ぶことで、これらの言葉についてのとっかかりを得られるということになります。

　語彙力増強では英語のインプットの絶対量がものを言うのは事実ですが、pseudonymのように「お得な単語」の成り立ちを理解して覚えることでそのプロセスを効率化することは可能です。

　第3章では特にこのような視点から、成り立ちから得られるものが多い単語や、応用性の高い接辞などを取り上げて紹介します。

語学力が高い人でも苦戦することがある

　日常生活の中では、言葉の文字通りの使用に加えて、ダジャレやもじり、語呂合わせ、掛け言葉など、遊びを含んだ言い回しが頻繁に見られますが、そういったものは特定の文化的な知識や背景を下敷きにしていることが多いため、語学力が高い人でも苦戦する傾向があります。

　もちろん、下敷きになっている知識が国や文化を問わず共通のものである場合はさほど問題にならないかもしれません。

　2021年の末に、イギリスのボリス・ジョンソン首相（当時）が新型コロナ禍でのロックダウン中にパーティに参加していたことがスキャンダルとなった時、その事件はpartygateと呼ばれました。これがアメリカでかつて起きた大政治スキャ

ンダルのウォーターゲート事件を下敷きにしていることは日本語話者であっても多くの人がすんなりとわかるでしょう。

しかし、背景にあるものが英語圏の文化や宗教、サブカルチャーなどに固有のものとなると難しくなっていきます。やはり、同じくらいの時期にアメリカ大統領選の民主党内の候補者の1人だったバーニー・サンダース氏がツイッター上で、"Not all masks are created equal."とつぶやいていました。

これがアメリカ独立宣言の中の all men are created equal をもじった言い回しであることは原文を知らなければわかりません。それくらいは知っているという人も当然いるとは思いますが、アメリカ及び、その他の英語圏で育ったわけではない人にとってはかなりハードルが高くなるのも事実です。

第4章では具体例を参照しながら、英語の言い回しの下敷きにされやすい文化的知識や名言、成句や常套句などを紹介します。

直訳ではなぜ不十分なのか

最後は日本の学習者に特有の翻訳に関わる難しさを扱います。第4章までの内容とは少し異なり、英語を読むことそのものではなく、英語を日本語に置き換えることに伴う難しさということです。

昨今では学校の授業でも英語を日本語に訳すことをかつ

てほど行わなくなっているかもしれませんが、それでも受験勉強などを通じて、和訳や翻訳の練習をしたことのある人は一定数いると思います。その際、原文を忠実に日本語に移し替えたものとしての直訳と自然な日本語表現を意識した意訳という概念を習ったのではないでしょうか。

一般に英文和訳などの指導ではまずはできるだけ原文に忠実な直訳を行い、どうしても日本語として不自然な場合に多少の正確さを犠牲にして別の訳し方を考えることが推奨されているかと思いますが、上級レベルを目指そうとすると、この考え方が当てはまらない例も多く出てきます。

直訳が正確な訳、意訳が不正確な訳であるとは限らず、その全く逆になることもあるからです。たとえば次の英文とそれに対する2つの訳例を見てみましょう。

5. She behaved the way she did because she had no choice.
   a. 選択の余地がなかったので彼女は彼女がしたように振る舞った。
   b. 彼女がそのように振る舞ったのは選択の余地がなかったからだ。

aがいわゆる直訳、bがいわゆる意訳に当たります。この英文の訳としては、bのほうが原文のニュアンスをより正確に伝えるケースが多いのではないかと思います。なぜ原

文の構造をできる限り反映したaの直訳が、いろいろ手を加えたbの意訳より不正確になることがあるのでしょうか。

第5章ではこの問題を考察し、英語学の「情報構造」と呼ばれる分野の研究なども参考にしながら「直訳」と「意訳」という言葉の使われ方を改めて検討し、効果的な意訳の方法論を説明します。

以上、各章のテーマとなっている難しさを具体例とともに簡単に紹介してきました。こんなに厄介なトピックが5つもあって大変だと思った方もいるかもしれません。

しかし、本書が対象としている中級以上の力を持った学習者であれば、上の5つの要素の中でもすでに上級者に近い思考プロセスでもって取り組んでいる部分とそうではない部分が必ずあるはずです。

本書を読むことで自身の得意分野と弱点を洗い出し、特に弱点となっているところについて集中的に訓練をして一段上の思考法を身につければ、より高い読解力を効率的に身につけることが可能だと思います。

それでは早速、英語の難しさを味わいながらそれぞれの攻略法を学んでいきましょう。まずは文の構造把握に焦点を当てた第1章です。

第 1 章

英文読解の
精度を上げる

文の骨格を予測する

　英文を読む上で文の構造を正しく把握することは絶対的に必要な条件です。未知の単語は文脈からある程度まで意味を推測することもできますが、基本的な文の骨格がわからなければお手上げです。

　本章では、この英文読解において最も重要となる構造把握の中でも、特に一定の複雑さを持つ文をスムーズに読み解くための「予測」の力にフォーカスを当てます。

　ここでの「予測」とは、文をある程度まで読んだところで、後ろにどのような形や表現が続くかを前もって判断して、後半の解釈の速度と正確性を高める技術です。

　このように書くと、それは中級レベルの学習者でも皆がやっていることではないか、と考える方もいるかもしれません。たしかに、大学受験などで英語の勉強に力を入れたという人は文法や構文については基礎をしっかりと叩きこまれていることが多いでしょう。

　While ...という形で文が始まれば、While ...の節が終わったところで主節が出てくる、あるいはbetweenという前置詞が出てきたらA and Bの形が続く、といったような予測についてはすでに実践している人もたくさんいます。こういった予測は基本中の基本で、応用性が極めて高く、複雑な文にも有効です。

　しかし、構造のタイプによっては、このような文法ルールに基づく予測だけでは読み解くのに時間がかかってしまっ

たり、複数の解釈の間で迷ってしまったりすることが起こり
やすいのも事実です。

　学習段階では悩みながら英文の構造を考えるのも重要な
経験ですが、実用レベルを目指すなら、そういった文が出
てくるたびに長考するというのではやや心もとないでしょう。
ネットの記事をさっと読んで情報を収集したり、娯楽で小説
やエッセイを楽しんだりするためには、読みの速度や精度
を高める必要があります。

　本章で扱うのは、そのために必要となる上級者向けの
予測法で、一見時間がかかってしまいそうな文も一読で理
解することを可能にするものです。

　どういう構造が文法のルールだけで見ていると解釈に手
間取りやすいのか、また、その際、どのような予測があれ
ばスムーズに読み解くことができるのかを以下の2つの例を
通して確認してみましょう。1については話し手が演説をし
ている場面を想像してみて下さい。

1.　I know some people are here who do not share
　　 my view.

2.　The possibility of the team winning the tourna-
　　 ment was unthinkable to me.

　1の例では、some peopleを修飾する関係代名詞節であ

る、who…viewがsome peopleの直後ではなく文末にあり
ます。

構造

I know (some people / are / here〔who…my view〕).

　もちろん、関係代名詞whoの原則から言ってwho…が
説明しているのはこの文の中ではsome peopleしかあり得
ません。

　そのつながりは基礎力がある人なら読み取れるはずです
が、hereの後にwho…と続いたところで一瞬「うん?」と
なって考えるかもしれません。こういう場合、すでにhere
のところで後ろからpeopleの説明がくるのではないかと予
測できていたら、理解がかなりスムーズになるでしょう。

　2の例はもう少し複雑です。The possibility of the team
を「そのチームの可能性」と解釈し、winning the tour-
namentのところをどう処理したらよいかで少し時間を使っ
てしまう人もいそうです。この部分は局所的に見るとteam
を修飾している可能性も、possibilityを修飾している可能
性も、それからthe teamを意味上の主語とする動名詞の
可能性もあります。

　結論から言うと、ここは3つ目が正しく、「そのチームが

トーナメントに優勝する(という)可能性」と解釈しなければいけませんが、最初からその解釈を想定している人とそうでない人では読みの速度に差が出るでしょう。

構 造

The possibility（of the team〔意味上の主語〕
            + winning …〔動名詞〕）

　大きく分類すると、1は次節で説明する「後置修飾」の問題で、日本語との語順の違いがハードルとなるものです。一方、2は複数の分析の仕方があるように見えてしまう構造の解釈をどう素早く絞り込むかという問題と言えます。

　本章では英語の文の構造把握において問題になりやすいこれらの点について、スムーズに読みこなしている上級者や母語話者は何を知っていて、それをどういう風に活用しているのか、ということを少し細かく見ていきたいと思います。

「後置修飾」という難題

　日本語を母語として日常的に使用し生活している英語学習者にとって後置修飾はかなりの難物です。

　そもそも、日本語では文の述語動詞の後にそれを修飾する副詞的な要素を置いたり、あるいは名詞を後ろから形容

詞的な要素によって修飾したりするといった構造が原則としては存在しません。そのため、わかりやすい形の後置修飾でも最初は戸惑い、処理に時間がかかってしまうのです。

3. I left quickly.（副詞が動詞を後置修飾）
   私はすぐに出た。

4. the desk in his room（前置詞句が名詞を後置修飾）
   彼の部屋の机

5. the books that she wrote（関係詞節が名詞を後置修飾）
   彼女が書いた本

　後置修飾に日本語話者が戸惑う大きな要因は、述語動詞や名詞が出た時点でその文や名詞句が終わるという考え方が染み付いているからだと言えます。

　たとえば、3の文では英語では述語動詞の後に多くの要素が続くことがあると頭では理解していても、I leftという形が出てきたところでどこか一区切りついたと考えてしまうということです。同じように、4や5でもthe desk「その机」やthe books「それらの本」というのが出てきたところで名詞句が完成したという気分になってしまいやすいわけです。

こういった思考の癖とでも言うべきものがあるため、文法事項としてシンプルな例を習う際はそこまで問題がなかった人でも、実際に英文を読む段階になって少し複雑な文に出会うと混乱したり、理解に時間がかかってしまったりすることがあります。

　もちろん、本書をお読みの方はこういった基礎的な部分はすでにクリアされている方が多いかと思いますので、その上で、さらに冒頭で見た1の例のような少し離れたところから後置修飾語句がかかっていくパターンについて、その存在を予測するためにはどのような方法があるかに目を向けていきます。

「違和感」を逆手にとる

　後置修飾は文字通り、後ろから説明を加える形ですから、それが重要な役割を果たす英語のような言語では、文の中心となる述語動詞や名詞句の中心となる名詞が出てきた後も、文意が大きく変わるような修飾語句がまだ出てくるかもしれないという緊張状態が続くことになります。

　とはいえ、母語話者や上級者は特に情報量の大きい後置修飾が後に続く場合、ある程度、それを予測しながら読んでおり、理解や解釈をスムーズに行うことができます。

　日本語を介さずに英語で考えているからそういうことができるのであり、圧倒的な量の英語に触れることによってそれが可能になるというのは間違いではないと思います。し

かし、日本にいながら母語話者並みに英語に触れるのは容易なことではありません。

　そのような予測の方法を理論的に身につける方法があるのなら、それに越したことはないでしょう。実際、日英語の違いを逆手に取って意識的に上級者の思考プロセスに近づいていくことは可能だと私は考えています。

　たとえば、次の例を考えてみましょう。次のような日本語を耳にしたり、読んだりしたら微妙な違和感を覚えないでしょうか。

　6.　この本では言葉が使われている。

　もちろん、直前に文字が全く書かれておらず絵しか載っていないような別の本を紹介していた、といったようなシチュエーションを仮定すれば、この文もさほど違和感がないかもしれません。

　しかし、そういう特殊な文脈を想定せずに、この文がある本の紹介の一文目に登場したとすれば、「言葉」をかなり特殊な意味で理解するといったことをしない限り、妙な感じがするはずです。

　なぜかというと、本である以上は言葉が使われているのが普通は前提になるからで、明々白々のことをあえて表現する意図が見えてこないからです。

　言語にはいろいろな用法、用途がありますが、基本的

に聞き手や読み手に新しい情報を提供したり、これまでの知識を修正したりして、その認知的環境(物事に対する認識や理解)を改善することが目的です。その点から考えると、この文は認知的環境を何ら改善しない、いわば言葉にするだけ無駄に思える文ということになります。

　もう1つ例を見てみましょう。次は教室などで教員が学生や生徒に向かって発した言葉として読んでみて下さい。

　　7.　この部屋には誰もいません。

　いかがでしょうか。これもやはり特別な文脈を想定しないと違和感がありますね。ただし、その違和感の正体は先ほどとはまた違い、完全に状況と矛盾している発言であるという点にあります。

　学生に向かって教員が話しかけている場で、部屋に誰もいない、と発言することは明確に事実と齟齬をきたしています。あえて事実と異なることを発言することで何らかの効果を狙っているという場合でなければ、少し成立しにくい一文です。

　さらに次の例はどうでしょうか。

　　8.　彼らは資格試験のスコアを重視するきらいがあっ
　　　　た。彼らはそうした。

第1文はごく自然な文ですし、第2文もこれだけを取り出せば、そこまで変ではないかもしれません。しかし、この2文が並んで1つの文章を構成していると考えるならば、第2文にはかなり違和感があると思います。

　というのも、第1文の内容をそのまま繰り返しているだけであり、何ら新しい情報を付け加えていないからです。話し言葉であれば確認や強調のために全く同じ内容のことを繰り返すこともありそうですが、書き言葉ではまず見ることのなさそうな文の並びではないでしょうか。

　じつは以上で見てきた3つの例（8は第2文）は後半に重要度の高い後置修飾語句を持つ英文の「前半部分だけ」を日本語に訳したものになっています。以下に全体を訳したものと、元になっている英文を示します。括弧を付けた部分は上の6〜8で省略した箇所です。

9.　この本では（今では完全に死語になっている）言葉が使われている。

　　Words are used in this book（that are now completely obsolete）.

10.　この部屋には（英語を話す人は）誰もいない。

　　There is no one in this room（who speaks English）.

11.　彼らは（スコアが最良の指標だと考えていたので）そうし

た。

They did so (because they believed those scores
were the best indicators).

　どうでしょうか。6〜8に比べるとかなり自然な文になっ
ているかと思います。後置修飾が発達している英語では
名詞を修飾する関係詞節や述語動詞を修飾する副詞要素
などを文末に追加することで、そのままでは当然過ぎて情
報価値のないように思える文を意味のあるものにしたり(9
の文)、明らかに矛盾している文を事実に沿ったものとした
り(10の文)、あるいは単なる繰り返しに思える文に新たな
情報を追加したり(11の文)することができます。
　日本語の場合、英語の後置修飾の部分に相当する表現
は述語動詞や名詞の前に置くのが原則であるため、英語
の語順通りに前半部分だけを訳すと、日本語の文章ではあ
まり目にすることのない違和感を覚える文(6〜8のような文)
が生まれるわけです。
　この違和感を英語を読む際の高度な予測に活用しようと
いうのがここでの考え方です。上でも言ったように日本語に
慣れている学習者は、文の主語と述語動詞が出てきたとこ
ろ、あるいは名詞句の核となる名詞が出てきたところで一
区切りついたと考える癖があります。この癖を逆手に取る
わけです。
　たとえば、9のような英文を途中まで読んで「何でわざわ

ざこんなことを言っているのか？」と感じたり、10のような英文に対して「いやいや明らかにおかしいのでは」と考えたりした経験のある読者の方もいるのではないでしょうか。

こういう思わず突っ込みたくなる英文が出てきた場合は後ろに重要な後置修飾の要素が控えているサインとしてみなせるということです。後ろから何らかの語句によって限定や追加説明が行われるはずだ、と予想することでよりスムーズな読みにつながります。

本格的な英文で実践演習①

それでは実際の英文を使って練習をしてみましょう。1つ目は第46代アメリカ大統領のジョー・バイデン氏が2020年にドナルド・トランプ氏と争った大統領選に勝利した際の勝利演説からです。新型コロナウイルスの対策を優先することの重要性を国民に語り掛けている場面です。

[1]

1 Folks, our work begins with getting covid under control. 2 We cannot repair the economy, restore our vitality or relish life's most precious moments, hugging our grandchildren, our children, our birthdays, weddings, graduations, all the moments that matter most to us, until we get it under control.

— Joe Biden (2020) Victory Speech

語句
- folks：「皆さん」という呼びかけ
- begin with...：「…から始める」
- get O under control：「Oを制御する、抑え込む」
- covid：coronavirus disease の先頭の文字を取った言葉
- relish：「味わう」

　第1文は問題ないかと思います。Folksという聞き手に対する呼びかけの後、our work（S）begins（V）というシンプルな構造が続きます。begin with...「…から始まる」、get O under control「Oを抑え込む」といった表現も基本的なものですね。

　問題は第2文です。一見すると息が長く、動詞や接続詞が複数出てくる複雑な文に見えますが、上級者であれば一読してすぐに構造がわかると思います。そのためのプロセスを説明しましょう。

　まずは、最初のWe cannot repair the economyのところで違和感を覚えたかどうかがポイントになります。これは次期大統領が国民に向けて語っている演説です。経済を活性化させ、景気を回復し、生活を豊かにすることは指導者にまず期待されることです。したがって、指導者になろうという人物が「経済を立て直すことができない」と言い切ることは明らかに文脈と矛盾しています。

　英文の構造的には、repair the economyに、さらに、

restore our vitality「活力を取り戻す」とrelish life's most precious moments「人生の最も大切な瞬間を味わう」という動詞句が並列されている形ですが、上のような視点で見ると、この2つの動詞句も、国民が指導者からのサポートを明らかに期待することを表現しており、それを「できない」と言い切ることは奇妙であるということがわかるかと思います。

したがって、この英文を読んでいる際に、早ければthe economyのところで、それが難しくても、vitalityやmomentsのところで、これは後ろから何かしらの条件が追加され、「…であれば、経済を立て直すことも活力を取り戻すこともできない」という趣旨のことを言おうとしているのではないか、と予測できるのです。

さらにその「…であれば」という条件の内容も文脈からある程度推測可能です。直前の文で「まずは新型コロナを抑えることだ」と言っていることを考えると、おそらくは「新型コロナがある限り」とか「新型コロナを抑えない限り」といった内容が続くと想定できるでしょう。

ここまでの予測ができていれば、文末に出てくるuntil we get it under controlというのはまさに想定内の副詞節ということになり、全く悩むことなく英語の語順通りにスムーズに理解することができます。

一方、こういった予測がない場合、life's most precious momentsの後に具体例や言い換えが加わって説明が長く

なっていることもあり、until ... の副詞節が出てきたところで戸惑ったり、場合によってはこれがどこにかかるのかがわからなくなって誤読してしまうこともありそうです。

構造 ［第2文］

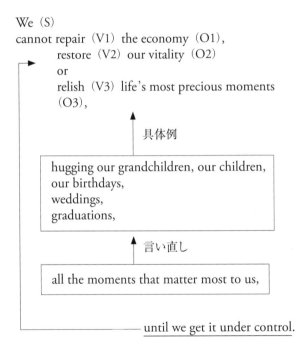

We（S）
cannot repair（V1）the economy（O1），
　　　　restore（V2）our vitality（O2）
　　　　or
　　　　relish（V3）life's most precious moments（O3），

具体例

hugging our grandchildren, our children,
our birthdays,
weddings,
graduations,

言い直し

all the moments that matter most to us,

until we get it under control.

訳 例

　皆さん、私たちの仕事はまず新型コロナウイルスを抑え込むことです。経済を立て直すのも、活力を取り戻すのも、人生の最も大切な瞬間、孫や子供を抱いたり、誕生日や結婚式、卒業式を祝ったりと自分にとって最も大切な瞬間を味わうのも、新型コロナを抑え込まない限り不可能です。

時事英語における典型的なパターン

　次は2022年のウクライナ侵攻の中で投稿された、ウクライナの元大統領ヴィクトル・ユシチェンコ氏の妻、カテルィナ氏のツイートから。独立したツイートなので前提なしに読んでみて下さい。

---

[2]

1 Rumors are being spread massively around Ukrainian social media, especially Telegram, that all the top Ukrainian politicians and former leaders, including my husband, Victor Yushchenko, have "abandoned" Ukraine. 2 This is not true. […]

— Kateryna Yushchenko Tweet (2022)

語 句

• massively：「大規模に」
• Telegram：ロシア人が開発したインスタントメッセージングアプリ

長めの第1文がポイントになります。Rumors are being spreadまで読んだ時点で、「ここで終わるわけはないな」という感覚を持ってほしいところ。たとえば、誰かに新しい情報としてある噂が広まっているということを伝える時に「噂が広まっている」という漠然とした内容だけを言ってその噂の具体的な中身を言わないことはあるでしょうか。

　それを聞いた相手は「まあ、噂の1つや2つはいつだって広まっているだろう」と感じ、それを言うことでどういう新しい情報的価値があるのかと疑問に思うはずです。

　日本語で「噂」の中身を説明しようとすれば、原則として「…という噂」というように名詞「噂」の前にその説明を置きますが、ここまで見てきたように後置修飾が発達している英語ではRumors are being spread「噂が広まりつつある」という文の核となる部分を先に表現し、その後からrumorsの内容を説明することが可能です。

　したがって、Rumors are being spreadまで読んだところで、おそらくはどういう「噂」なのかを説明する語句が後から追加されるはずだ、と考えるのが正しい読み方です。

　この予測があれば、間に副詞的な要素がどれだけ入ろうとも、Rumorsとthat節のつながりを読み損ねることはあり得ないでしょうし、that節が出てきた際に「これは何のthatだろう?」と考える必要すらないはずです。当然、ここでは、that ... Ukraineが同格の名詞節として、Rumorsの中身を説明している形になっています。

構造 ［第1文］

Rumors（S）
↑　are being spread（V）（massively）
　　　　　　　around Ukrainian social media, especially Telegram,

└──　[that all the top Ukrainian politicians and former leaders, including my husband, Victor Yushchenko, have "abandoned" Ukraine]［同格の名詞節］

訳例

　ウクライナのSNS、特にテレグラムで、私の夫のヴィクトル・ユシチェンコも含めたウクライナのトップ政治家やかつての指導者たちが皆ウクライナを「見捨てた」という噂が大々的に拡散されています。これは事実ではありません。

　このタイプの文は本章で説明している手法を使えば十分に構造を予測できるものですが、主語名詞句の内容を文末に置いた節や句の後置修飾によって明らかにする形は時事英語などではよく見られるものなので、1つの典型パターンとして理解しておいてもよいと思います。

　以下に頻度の高い例をいくつか挙げておきます。

- A video（footage / photo）is going viral of…
  「…の動画（画像）が拡散しつつある」
- Calls are growing for …
  「…を求める声が高まっている」
- Concerns（Fears）are growing that…
  「…という懸念が高まっている」
- Efforts are underway to …
  「…しようという取り組みが進んでいる」
- Signs are growing that…
  「…という兆候が出始めている」
- The rumor（word）is going around that…
  「…という噂が広まっている」

予測のポイントはどこか

　さて、3つ目の例文は能力主義を強く批判して話題を呼んだ、2020年のマイケル・サンデル氏の著書 *The Tyranny of Merit*（『実力も運のうち ── 能力主義は正義か?』早川書房）からです。

　高学歴のエリートたちがそうではない人々を見下しているという問題を扱った箇所で、エリートたちの偏見についての調査からわかった2つ目の点を説明しています。

　ここまでの文脈で、差別の対象となりやすい集団の中でも、最も嫌われる傾向にあるのが学歴の低い人々で、しかもエリートたちはそういう人々を下に見たり嫌ったりすること

に対して全く悪びれる様子も、恥じ入る様子もないということがすでに指摘されています。

　その前提を念頭に置いて読んでみて下さい。

---

[3]

₁ Second, the reason for this lack of embarrassment relates to the meritocratic emphasis on individual responsibility. ₂ Elites dislike those with lesser educations more than they dislike poor people or members of the working class, because they consider poverty or class status to be, at least in part, due to factors beyond one's control.

— Michael J.Sandel (2020) *The Tyranny of Merit*

語句
- this lack of embarrassment：上の説明で示したエリートたちの悪びれない姿勢のことを指している
- relate to…：「…に関係する」
- meritocratic：「能力主義の」
- with lesser educations：「より教育を受けていない、学歴の低い」
- consider O to be C：「OをCだと考える」

　第1文はthis lack of embarrassmentがここまでの文脈で指摘されたエリートの姿勢を受けていることを理解できれば、さほど問題はありません。the meritocratic emphasis on individual responsibilityというやや長めの名詞句も「能力主義の自己責任の重視」という直訳で意味は理解できます。

　問題は第2文です。Elites dislike those with lesser educationsのところで「あれ？」と感じることができたでしょうか。上の背景説明の通り、この箇所に至るまでの文脈ですでに、エリートが低学歴の人々を見下していること、また、他の被差別集団に比べてそういう人々に特に嫌悪感を抱きやすいことが指摘されています。

　その前提で見ると、Elites dislike those with lesser educations「エリートは学歴の低い人々を嫌う」はもちろんのこと、さらにその後のmore than they dislike poor people or members of the working class「貧しい人々や労働者階級の人々を嫌うよりも」を含めても、すでに文脈に出てきている情報であり、新しい内容が付け加えられているとは言えません。

　先ほどの8と11の例でも見た通り、書き言葉の説明文や評論文の中で既出の情報をそのまま繰り返すだけの文が出てくる可能性は低いので、この前半部分を読んだ時点で、これは後ろから何か新しい情報を後置修飾によって追加することで意味のある文にするパターンではないかと予測することがポイントになってきます。

　前半部分だけを読んで覚える違和感はじつはもう1つあります。第1文でエリートが低学歴の人々を見下したり嫌悪

したりすることを恥じない理由(reason)の話をしているの
に、第2文の前半だけを見ると、その理由に当たる部分
が全くないという点です。

　この点を考え合わせると、第2文の後半で追加される情
報は、エリートの姿勢の理由に関するものではないかと予
想することも可能でしょう。実際、この英文では、文末に
because節が出てきて文脈に新しい情報が追加されます。

　上のような予想をしながら読んでいる人であれば、be-
cause節の登場が想定内であることはもちろん、一読して、
この第2文が第1文the reasonの内容を具体的に説明した
ものになっていることもすぐにつかめるでしょう。

構 造　［第2文］

Elites (S)
　dislike (V)
　　those with lesser educations (O) (more than… class)
→既出の情報

　because they (S)
　　　　consider (V)
　　　　　　poverty or class status (O)
　　　　　　to be,
　　　　　　at least in part, due to factors … (C).

→新しい情報

　なお、下の訳例では第2文の訳を文脈に合うように少し意訳しています。どうしてこのような訳が可能になるのかについては、第5章で詳しく扱っているので、そちらをご確認下さい。

訳 例

　第二に、このように(学歴の低い人を見下しても)それを恥じいることがない理由は能力主義における自己責任の重視と関係している。エリートたちが貧しい人々や労働者階級の人々よりも学歴の低い人々に嫌悪感を持つのは、貧困や階級は少なくとも部分的には個人ではどうしようもない要因によるものと考えているからだ。

複数の解釈がありそうな場合

　さて、ここからは一見すると複数の解釈がありそうな構造の文をいかに的確かつスピーディーに読み解くかという点に目を向けたいと思います。特に時事英語やインターネット上の記事などで想像以上に多く使われる動名詞の構文にフォーカスします。

　ご存じの通り、英語では動詞の -ing 形に多くの機能があり、文法を学ぶ際にかなり苦戦する初学者もいます。中でも動詞を名詞化し「…すること」という意味で使う動名詞

の用法と、動詞を形容詞化し「…する、…している」という意味で使う現在分詞の用法は語句の並びによっては母語話者にとっても即座にどちらか判断しがたい曖昧（あいまい）なものとなります。この曖昧さを取り上げた言語学の有名な例文を紹介しましょう。

12. Flying planes can be dangerous.

この文はFlyingを現在分詞とみなし、planesを修飾しているものと考えれば「飛んでいる飛行機は危険なものとなりえる」と解釈できますが、Flying planesをfly planes「飛行機を飛ばす」という動詞句を名詞化した動名詞句であると見なせば「飛行機を飛ばすことは危険となりえる」と解釈できることになります。どちらの意味でこの文が用いられているかは文脈を見ない限り判断できません。

特に動名詞と現在分詞の区別が難しくなるのは、次の例の下線部のように「名詞＋動詞の-ing形」が文中に登場するパターンです。

13. A few students standing in the corner of the room drew his attention.

この文の下線部分はstanding in the corner of the room という現在分詞句がA few studentsという名詞句を修飾し

て、「部屋の隅に立っている数人の学生」を意味していると解釈することも、standing in the corner of the roomが動名詞句で、それにA few studentsという主体を表す名詞句(意味上の主語)が付いて「数人の学生が部屋の隅に立っていること」を意味していると解釈することも可能です。

どちらでも大して変わらないのではないかと思うかもしれませんが、実際にはかなり違います。前者の場合、「部屋の隅に立っている」というのは「彼」の注意を引いた学生を特定するためだけの条件の可能性があり、「彼」が必ずしもその行為自体に興味を持っているとは言えません。

極端な話、たとえば、同じ学生たちがみな黒板を見つめている場合、standing in the corner of the roomの部分を、staring at the blackboardに変えて、A few students staring at the blackboard drew his attention.としても話者が伝えようとしている内容に大きな影響が出ないこともありえます。

一方、後者の動名詞句の場合は「彼」の注意の対象は学生たちが部屋の隅に立っている事柄そのものにあります。「彼」が注目した理由が「部屋の隅に立っていること」と全く関係ない場合にはこの文は使えないでしょうし、当然、上の例のようにstanding in the corner of the roomの部分をstaring at the blackboardに変えると、注意の対象が変化することになるため、大きく意味が変わってしまい

ます。

　この「意味上の主語＋動名詞」の形は実際の英文ではおそらく、学習者の想像以上の頻度で使われます。その理由は、「SがVすること」を英語で表現する方法の中で動名詞句が最も使い勝手がよいからです。

　動名詞句以外にもthat節を使う(that some students stand in the corner of the room)、「for 意味上の主語＋to不定詞」の形を使う(for some students to stand in the corner of the room)といった2パターンがありますが、いずれも前置詞の目的語には原則としてなれない、主語にすると重々しい感じがするなど、微妙に制約があるのです。

　裏返すと文の主語の位置や、「SがVすること」という内容を自然に従えられるような前置詞（＝従属接続詞と近い意味を持つような前置詞）の後ろには、この動名詞句の形が現れやすいということでもあります。

接続詞に近い意味を持つ前置詞

　従属接続詞には様々な意味を持つものがありますが、副詞節の代表的な機能である、理由、結果、譲歩を表す役割や、名詞節の代表的な機能である同格を表す役割などはいずれも前置詞で表現することが可能です。

　以下で紹介している前置詞の後に「名詞＋動詞の-ing形」が続くような場合は要注意ということです。

表1-1　従属接続詞と類似の意味を持つ前置詞

理由	接続詞	because / as / since 等
	前置詞	because of / on account of / due to 等
結果	接続詞	, so that 等
	前置詞	lead to / result in等のように特定の動詞句の一部として
譲歩	接続詞	although / though 等
	前置詞	despite / in spite of 等
同格	接続詞	that 等
	前置詞	of / about 等

　この中でも特に同格のパターンの場合、いわゆる「同格のthat節」は付けられる名詞に制約がありますが、「of＋意味上の主語＋動名詞」は同格のthat節を従えることのできない名詞にも使用できるのがポイントです。

　case, chance, example, image, sight, videoなど、「SがVする」という形で説明できそうな名詞の後にof…が続いたら要注意です（51ページ参照）。

動名詞句を見分けるヒント

　また、同格以外の前置詞の目的語として、あるいは文全体の主語として「意味上の主語＋動名詞」が使用される場合にも、現在分詞か動名詞かを見極めるためのヒントはいくつか存在します。

　まずは、名詞句の性質です。上で見たように-ingの現

在分詞句が名詞を後置修飾する場合、その名詞に条件を付けることによって、それを特定するのが目的です。

したがって、固有名詞は言うまでもなく、特定性の高い名詞の場合、たとえばthis / that / his などのように指示語を前に伴っていたり、the Prime Minister of Japan のように指示対象が特定できてしまうような名詞句の場合、後に続いている動詞の-ing形は動名詞である可能性が高いことになります。

14. Fumio Kishida getting elected as Prime Minister was a good thing for his party.
   訳例 岸田文雄が首相に選出されたことは彼の政党にとってはよいことだった。

15. Her decision was due to her teammates arriving late.
   訳例 彼女の決定は、チームメイトが遅れて到着したことによるものだった。

また、特にlead toやresult inに続けて「結果」を表現する際に言えることですが、これらの後にくる要素は「事柄、出来事」として解釈できるものでなくてはならないというかなり強い制約があります。

たとえば、理由を表すbecause ofなどの場合、because

of those students「その学生たちのせいで」のように個々のものや人物のみをそのまま後ろに従えるような言い方もできますが、lead to those studentsやresult in those studentsといった言い方は奇妙で、「その学生たちがどうすることにつながったのか」と後ろに説明を期待したくなります。

この特性を逆手に取ると、lead toやresult inの後にどう考えても「事柄」としては解釈できない具体性・個別性の高い名詞句が来ている場合、その後ろに動名詞句が続く可能性が高いと考えることができます。

16. These harsh criticisms led to the YouTuber deleting his post.

　訳例　これらの厳しい批判により、そのユーチューバーは投稿を削除した。

本格的な英文で実践演習②

それでは実際の英文を読んで解釈の練習をしてみましょう。1つ目はアメリカでのギョッとする映像について報じたCNNのツイートからです。独立したツイートなので、特に前提などがなくともニュースのリード文として読める内容になっています。

[1]

A man was arrested in Indiana after video was shown on live TV of a toddler—reportedly the man's son— waving and pulling the trigger of a handgun.

— CNN Tweet（2023）

語句
● a toddler：「幼児、歩き始めた子供」
● reportedly：「伝えられるところによると、報道によると」

　この英文は、スムーズに読み解くのに動名詞構文の理解に加え、本章の前半で扱った後置修飾の理解度も問われる格好の例と言えます。

　A man was arrested in Indiana「ある男性がインディアナ州で逮捕された」というのはごくシンプルな受動態の節であり問題なく理解できるでしょう。

　ポイントは、afterから始まる従属節の内部の構造です。video was shown「動画が流された」とありますが、どういう内容の「動画」かを説明しない限り、逮捕事件を報じるニュースとして十分な情報とは言えません。

　ここから、述語部分が終わった時点で動画の内容を明確にする何らかの後置修飾語句が出てくるのではないかと予想できます。

さらに、このvideoという名詞は、47ページで確認したように、「SがVする」という形で内容を説明できるものでありながら、同格のthat節を従えることのできない典型的な例の1つですので、後ろに登場する修飾語句は「of＋意味上の主語＋動名詞」の可能性が高いというところまで考えが及ぶはず。

　このように頭を働かすことができていれば、of a toddlerというフレーズが出てきた時点でvideoの内容を説明するものだな、とすぐに判断することができ、かつ、幼児が何をした動画なのだろう、と自然にwaving and pulling...の箇所に目を向けることができるでしょう。

　ここは上の予想通り、of a toddler（...）waving and pulling the trigger of a handgunの部分が「of＋意味上の主語＋動名詞」の構造になっており、a toddlerとwaving...の間にダッシュ（—）を用いて挟まれているのは、意味上の主語のa toddlerに対して説明を加える挿入句です。

構　造

A man（S）was arrested（V）in Indiana

　　after video（S）was shown（V）on live TV

　　　↑

　└─（of a toddler〔意味上の主語〕〔—…—〕

　　　　waving and pulling...〔動名詞〕）

以上の点がスムーズに理解できるのであれば本章で扱っているポイントはクリアできていると考えてよいでしょう。

　最後にもう1つ、気をつけるべき点としてwaving and pulling the trigger of a handgunの並列関係の解釈があります。waving and pullingとうまい具合に2つ動名詞が並んでいるからと何も考えずに「拳銃の引き金を振り回し、引いている」としてはいけません。pull the trigger of a handgun「拳銃の引き金を引く」というのはよいとしても、wave the trigger of a handgun「拳銃の引き金を振り回す」はどういう状況かよくわからないでしょう。

　ここのandは厳密に言うとwavingとpullingを並列させているのではなく、以下のようにwavingとpulling the trigger ofを並列させていて、wavingはa handgunにつながると解釈すべきです。

構造

$$
\text{and}
\begin{cases}
\text{waving} \\
\\
\text{pulling the trigger of}
\end{cases}
\text{a handgun}
$$

　なお、下の訳例では先にafter節の内容を訳しているため、a toddlerの直後にあった男性との関係の説明をA manの訳のところに移し替え、内容もそれに合わせて「そ

の父親とされる」というものに変えています。

インディアナ州で幼児が拳銃を振り回し引き金を引いている動画がテレビの生放送で流れ、その父親とされる男性が逮捕された。

　次の英文は進化論の生みの親であるチャールズ・ダーウィンの自伝からです。ダーウィンがケンブリッジ大学にいた頃の4年間を扱った箇所の抜粋で、師でもあった地質学者アダム・セジウィックとのやりとりが紹介されています。

　ダーウィンは南国の貝殻がイングランド中部シュローズベリーの砂利採取所で見つかった話をセジウィックにしますが、セジウィックは誰かがそこに置いたに違いないと断じつつ、もし本当にそこで見つかったのだとすれば地層の常識を混乱させる嘆かわしいことだと答えます。

　このセジウィックの反応に対し、当時は理解に苦しんだということを説明しているところです。

[2]

But I was then utterly astonished at Sedgwick not being delighted at so wonderful a fact as a tropical shell being found near the surface in the middle of

England.

— Charles Darwin (1887)
Autobiographies

astonished atの後にSedgwickという固有名詞がきて、その後にnot being delightedという動詞の-ing形が続いています。上でも確認したように、固有名詞を現在分詞句が限定するということは考えにくいので、ここは「意味上の主語+動名詞」だと判断し「セジウィックが…に喜ばなかったこと」と判断します。

ただし、この英文のポイントはそこだけではありません。so wonderful a fact as...のasの後ろの部分にも注意です。「…のような素晴らしい事実」と言っているのだから、「…」の部分には「事実」に相当する内容がくるはずだと考えることができれば、asの後ろがa tropical shellという1つの物体を表す名詞で終わるのはおかしいと感じ、自然にa tropical shell（意味上の主語）+ being found ... England（動名詞）「南国の貝殻がイギリスの中部の地表近くで見つかったこと」という流れが理解できるのではないでしょうか。

I (S) was then utterly astonished (V)

(at Sedgwick〔意味上のS〕 not being delighted〔動名詞〕

〔at <u>so</u> wonderful a fact <u>as</u> a tropical shell〔意味上のS〕being found〔動名詞〕…〕).

構 造

訳 例

　しかし、当時の私は、南国の貝殻がイギリスの中部の地表近くで見つかったというような素晴らしい事実にセジウィックが喜ばないことにまったくもって驚いたのだった。

チャレンジ問題で腕試し！

　本章で学んだ内容を活かしてさらに骨のある英文に取り組んでみたいという人を対象に、かなり難易度が高い英文を用意しました。格段に難しくなるのでまだ自信がないという方は飛ばして先に進んでもらってかまいません。

　素材英文は「スリーピー・ホローの伝説」や「リップ・ヴァン・ウィンクル」などの短編で知られる、19世紀のアメリカの作家、ワシントン・アーヴィングのエッセイ「イギリスの田舎生活」からの抜粋です。

　アーヴィングはこのエッセイで、イギリスを理解する上で田舎や田園というものがいかに重要かを語っています。田舎では階級にかかわりなく人々が交流していて、結果としてイギリスの文学作品には田舎の風情が息づいており、詩歌にも田園的な風景の描写が溢(あふ)れているという内容に続く一節です。

---

1 The pastoral writers of other countries appear as if they had paid Nature an occasional visit, and become acquainted with her general charms; but the British poets have lived and revelled with her—they have wooed her in her most secret haunts—they have watched her minutest caprices. 2 A spray could not tremble in the breeze ; a leaf could not

rustle to the ground ; a diamond drop could not patter in the stream ; a fragrance could not exhale from the humble violet, nor a daisy unfold its crimson tints to the morning, but it has been noticed by these impassioned and delicate observers, and wrought up into some beautiful morality.

— Washington Irving (1820) "Rural Life in England"

語 句

- pastoral :「田園生活を描いた」
- appear as if ... :「…であるかのように見える」
- revel :「多いに楽しむ、ふける」
- woo :「言い寄る」
- caprice :「(予想しにくい)変化」
- spray :「小枝」
- rustle :「かさかさと音を立てる」
- patter :「パラパラと降る」
- daisy :「ヒナギク」
- morality :「教訓」

　第1文ではbutの前と後ろで他国の書き手とイギリスの詩人の明確な対比が描かれていることに注意しましょう。後半ではダッシュ（—）の後ろに節が続き、その節の後にさらにダッシュ（—）がきて、また別の節が続いていますが、この2つの節はhave lived and revelled with her「自然とともに生き、楽しむ」という直前の表現を具体的に補強する形になっています。

　問題は第2文です。セミコロン(;)を間に置いて似たよう

な構造が複数回にわたって繰り返されているので、とりあえず、1つ目の節に目を向けましょう。まず、A sprayという名詞句が主語となっていることに少し注意したいところです。

聞き手や読み手が理解している既出の内容を軸に新しい情報を伝えていくのがコミュニケーションの原則です。その観点から見ると、不定冠詞を伴う名詞句を主語とする文が文章の途中に突然出てくるのはやや例外的な形と言えるでしょう。

could not tremble in the breezeという述語部分まで読み進めると、さらに違和感を覚えるのではないでしょうか。ここはイギリスの田園作家の属性を説明しているところなので、この文が特定の「小枝」についての状態や出来事を表しているとは考えられません。

この A spray は総称的に「小枝」を表現したものであり、節全体の意味は「一本の小枝もそよ風の中で揺れることはありえない→そよ風の中で揺れるような小枝はありえない」となります。いやいや、揺れる小枝だってあるでしょう、と突っ込みたくなるのではないでしょうか。

セミコロン（；）を隔てて付け加えられる複数の節も全て、不定冠詞付きの名詞句を主語とし、述語部分にcould notを含んだ可能性を否定する文となっています。そして、それらは全て文字通りに解釈すると私たちの日常経験と矛盾する、強すぎる否定になってしまいます。

ここから、後ろから何らかの限定がくるはずだ、そうでない限り、明らかに現実と齟齬をきたす変な文になってしまう、と考えることができるかどうかがポイントです。

　こういった発想があれば、文の後半でbutが出てきた際に「…することなしには」を意味する従属接続詞の可能性に自然に意識を向けることができるのではないでしょうか（このbutは特殊なタイプの関係代名詞とみなすことも不可能ではないですが、いずれにしても意味に大きな差は出ないのでここでは副詞節を作る従属接続詞と考えます）。

　butを従属接続詞として解釈することで、「一本の小枝も揺れることはありえない」や「一枚の葉だって地に落ちることはありえない」といった、それだけで見れば明らかに現実と矛盾するような描写についても「これらの熱心で繊細な観察者たちに注目され、美しい教訓へと昇華されることなしには」という条件が加わることになり、意味が通る解釈を得られます。

　もちろん、従属接続詞のbutは現代の通常の英文ではまず見ることがない古風な用法ですが、しかし、ここでのポイントはbut自体の特殊な用法を知っているかどうかではなく、そもそも文の前半の時点で何らかの後置修飾が続くのではないかと予想できているかどうかということであり、その力自体は現代の英文を読む際にも必要となるものです。

A spray could not tremble in the breeze

a leaf could not rustle to the ground

a diamond drop could not patter in the stream

a fragrance could not exhale from the humble violet,

nor

a daisy unfold its crimson tints to the morning,

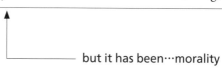

but it has been…morality

　なお、下の訳例ではこの文の訳に関して、できるだけ英語に近い語順となるように「…することなしには〜はありえない」という直訳ではなく、「〜すれば必ず…する」という意訳を採用しています。

訳 例

　他国の牧歌的な作家たちも、大自然を時には訪れ、そのおおよその魅力はわかっているかのように思える。しかし、イギリスの詩人たちは、自然とともに生き、戯れてきた。自然の懐に入り込んで語りかけ、極めて微細な変化に

も目を向けてきたのだ。小枝がそよ風に揺れただけ、木の葉がはらりと地面に散っただけ、ダイヤのような水の雫が小川に流れ落ちただけ、何気ないスミレから芳香が漂っただけ、そして、ヒナギクがその深紅の花びらを朝日に晒しただけでも、これらの熱心で繊細な観察者たちはそれを決して見逃さず、美しい教訓へと仕立て上げてきたのだ。

独習のヒント

　本章では一見して複雑そうに見える英文をスピーディーに処理するための予測法を、特に後置修飾と動名詞構文にフォーカスを当てて解説しました。

　前者では英語と日本語の語順の違いから生まれる違和感を、後者では動名詞という文法現象の英語における位置づけの理解をヒントにしてより正確な予測をするものでした。

　こういった予測法は体系的に扱われることが少なかったものなので、参考書などを示すのは難しいのですが、鍛え方がないわけではありません。

　たとえば、インターネット上のニュース動画などを字幕付きで視聴して、字幕についていくことができるかを確認したり、あるいは普段読んでいる英文を1分間に150語以上の速度で読むことに挑戦してみたりするのは予測のスキルを鍛える練習になります。

　そこでスムーズに読み解けない英文に出会ったとすれば、それは新たな予測法を見出すヒントにもなるかもしれません。

第 2 章

文章の構造・論理を
すばやくつかむ

英文読解力を高めるためのカギ

　単文をある程度理解することができるようになった人にとって次のハードルとなるのが文章の読解です。

　書籍や新聞雑誌の記事は言うまでもなく、ネット上の書き込みやSNSの投稿などであっても、複数の文で成り立つ「文章」がそこかしこに溢れています。そういったものを理解するためには、各々の文がそれ自体として何を意味するかを読み取るだけでなく、お互いにどう関連しているのか、また、文章全体で何を伝えようとしているのかをつかむ必要があります。

　文章の読解は日本語を読む際にも行っているので、各文の意味を理解することができれば、後はそこまで苦労せずとも全体の意味が見えてくるのではないか。そう考える人もいるかもしれません。たしかに、日本語の文章に含まれる論理関係と英語の文章の論理関係に共通点が全くないわけではないので、日本語を読み解く力は英文読解にも活かせます。

　しかし、こういった文章の構成法は日本語でも意識して学習した経験がある人はさほど多くなく、さらに、日本語と英語とでは文間の関係（連続する文と文との間にある論理的な関係）を表現したり、文章を組み立てたりする際の典型的なパターンも異なっているため、英語における文章構成の仕組みやパターンを一定程度理解しておくことは英文読解力を高める上でかなりのアドバンテージになります。

本章では文章レベルの読解の際のポイントを、各文の関係と文章全体の構造の2つに分けて扱います。それでは、まず、文と文との間の結びつきに目を向けましょう。

論理的関係に着目する

　1つの文章として並んでいるそれぞれの文と文との間に何らかの関連があるということは多くの人が納得できることでしょう。ただ、どういうタイプの関連性があり得るのかと問われると、そんなものは無限に挙げられるのではないか、と困惑してしまうかもしれません。

　じつは、ある考え方に基づくと、文間に成立する関連性のパターンというのは意外に少なく、大きく分けると類似関係（resemblance）、因果関係（cause-effect）、連続性（contiguity）の3つに集約されると言われています。この分類はアンドリュー・ケラーというアメリカの言語学者が近代の哲学者デイヴィッド・ヒュームの考え方に着想を得て提案し、その後、心理学者のスティーブン・ピンカーが、文章作法を扱った一般書で紹介したものです。

　もちろん、この3つはあくまで大分類であり、それぞれの下に複数の小分類が存在しますが、それらを全て含めても、せいぜい12〜13種類です。この分類が完璧なものだと言うつもりはありませんが、作業仮説的なものとして理解しておくと文と文との間のつながりが見えにくい際に、それを考えるためのツールとして有益です。

それでは、類似関係（resemblance）、因果関係（cause-effect）、連続性（contiguity）の下にどのような分類があるのか、具体的に例文とともに見ていきましょう。

なお、以下で紹介している例文には厳密な意味では文間の関係とは言えない、同一文中における節と節の関係に当たるものも含まれますが、同様の論理関係が文間で成立する場合もあると理解して読んでもらえればと思います。

類似関係（resemblance）

類似という言葉からは文と文との間の内容の共通点を際立たせるような関係がまず思い浮かぶかもしれませんが、相違点や例外を強調するようなものも含まれます。相違点や例外というのは一定の共通要素が前提になっているからこそ成り立つもので、あらゆる点で異なるものはそもそも並べることも、例外と見なすこともできないからです。

さらに、表現の具体性のレベルを変えて言い換えたり、まとめたりするようなパターンもこの類似関係に含まれます。以下の６つが下位分類です（「代表的な接続語句」についてはのちほど説明します）。

1. 並列（parallel）
   文字通り２つの類似している事柄を並列する場合に用いられます。複数の例を列挙していく際などに有効です。

John takes a walk every day in the morning. Similarly, Jiro exercises every morning.

訳例 ジョンは毎朝散歩をする。同じように、次郎は毎朝運動をする。

代表的な接続語句：and / similarly / equally / likewise

2. 対照（contrast）
類似する対象の相違点に焦点を当てるものです。下の例では、2人の女性の生活形態の違いを取り上げる形となっています。

Susan lives in Saitama with her family. Hanako lives alone in Tokyo.

訳例 スーザンは埼玉で家族と住んでいる。花子は東京でひとり暮らしをしている。

代表的な接続語句：but / in contrast / on the other hand

3. 例示（exemplification）

一般的な内容を述べた後、それに具体例を加える形です。説明的な文章では非常に重宝されるパターンです。

Some people have a knack for learning foreign languages. My brother has never left Japan, but he speaks five languages very well.

訳例 外国語学習のコツをわかっている人というのはいる。私の兄は日本を一度も出たことがないが、5か国語をとても 流 暢 に話す。

代表的な接続語句：for example / for instance

4. 一般化（generalization）

3の「例示」とは逆のパターンで、具体的な内容を挙げた後にそこから何らかの法則を導き出すなど、個別の事例に特有のものではないことを示す形です。結論部でよく用いられるものです。

My brother has never left Japan, but he speaks five languages very well. Some people just have a knack for learning foreign languages.

訳 例 私の兄は日本を一度も出たことがないが、5つの言葉をとても流暢に話す。外国語学習のコツをわかっている人というのはいる。

代表的な接続語句：in general / generally

5. 例外（exception）
原則を述べた後、それに当てはまらない例を導入する形です。意外性もあることから読者の目を引きやすく、「例外」で接続された文によって文章中の要点が示されることもよくあります。

Young people today don't watch much TV any more. However, John watches TV more than three hours a day.

訳 例 最近の若い人はもうテレビをあまり見ない。だが、ジョンは日に3時間以上もテレビを見る。

代表的な接続語句：however / on the other hand

6. 敷衍（elaboration）
一般的な言葉で文脈に導入した内容を、より詳細に言い換えるパターンです。文と文との間にこの関係

が成立することもあります（〔A〕の例）が、文中でコロンなどを用いて「敷衍」のための節や語句が導入されることもあります（〔B〕の例）。

(A) A college student has accomplished a remarkable feat. John Smith, 22, raised more than ten million yen for charity through crowdfunding.

訳例 大学生が素晴らしい偉業をやってのけた。22歳のジョン・スミスがクラウドファンディングで1000万円以上のチャリティ資金を集めたのだ。

(B) Those two people have one thing in common: they both like reading.

訳例 その2人には1つの共通点がある。どちらも読書が好きだ。

代表的な接続語句：コロン(:) / in other words / that is

因果関係 (cause-effect)

因果関係の小分類には文字通り、原因と結果の関係に

加え、一般に伝統的な文法で逆接や譲歩と呼ばれる関係も含まれます。意外かもしれませんが、そもそも逆接や譲歩というのは因果の推論の否定を表したものです。

　たとえば、「雨が降った。それなのに、地面は濡れていなかった」という並びなら、「雨が降った」ことの結果として当然想定される「地面が濡れている」という状態が成立していない、というところに逆接の意味があるのです。

7.　結果（result）
　　前文の内容を原因として生じた結果を述べる際に用います。

　　He studied extremely hard. As a result, he passed the difficult exam.

　　訳 例　彼は非常に熱心に勉強した。その結果、難関試験に合格した。

　　代表的な接続語句：and / as a result / therefore

8.　（原因・理由の）説明（explanation）
　　7の「結果」とは逆に、結果を述べてから、その原因に焦点を当てるパターンです。

He passed the difficult exam. He studied ex-
tremely hard.

訳例 彼は難関試験に合格した。非常に熱心に
勉強したのだ。

代表的な接続語句：because

9. 想定の裏切り（violated expectation）
   7の「結果」で用いられる思考プロセスを逆手に取
   ったもので、前文から当然想定される内容が生じな
   かった時に使用されます。

He studied extremely hard, but he didn't pass the
difficult exam.

訳例 彼は非常に熱心に勉強したが、難関試験
には合格しなかった。

**代表的な接続語句：but / however /
　　　　　　　　nonetheless / yet**

10. 妨害／予防の否定（denial of preventer）
    9の「想定の裏切り」の要素の順番を逆転させたも

のと理解しておけばよいかと思います。

He didn't pass the difficult exam, even though he studied extremely hard.

訳例 彼は難関試験に合格しなかった。非常に熱心に勉強したにもかかわらず。

代表的な接続語句：though / although / despite the fact that

連続性 (contiguity)

「連続性」の中でいうと、「時間的連続性(temporal sequence)」は比較的シンプルで、連続する文が時間的に近接関係にある出来事を表現しているパターンです。

一方、「場面(occasion)」は少し複雑です。これは、ある1つの事柄や出来事(13の例では「面接試験」という社会的なイベント)の部分的な描写として複数の文が機能しているパターンで、部分的描写を結び付ける内容を、その事柄についての前提知識から補って理解することが求められます。

11. 時間的連続性①(temporal sequence ①)
出来事を起きた順番にそのまま描写する形で最もシ

ンプルなものです。

She put her book into her bag. Then she opened the door.

訳例 彼女は本を鞄の中にしまった。そして彼女はドアを開けた。

代表的な接続語句：and / then

12. 時間的連続性②（temporal sequence ②）
　　11とは逆に、後で起こった出来事を先に述べ、それに前の出来事を続けて描写するパターンもあります。上で扱った8の「説明」のニュアンスが加わることもよくあります。

She opened the door with both hands. She had already put her book into her bag.

訳例 彼女は両手でドアを開けた。本はすでに鞄の中にしまっていたのだ。

13. 場面（occasion）
　　先に述べた通り、特定のパターンを持つ場面の様々

な側面を表現したものとして、複数の節や文が互いに関わりあっているケースです。下の例では「面接」という場面が設定されており、読み手は「面接」の典型例を思い浮かべ、theyが面接官を指すことや、questionsが面接試験の中で問われた質問であることなどを理解します。

I had an interview the other day. They asked me a lot of questions and I answered them all well. I slept well that night.

訳例 先日、面接を受けた。多くのことを聞かれたが、全部うまく答えられた。その夜はぐっすり眠れた。

接続の方法に着目する

さて、ここまで文と文、あるいは節と節との間に成立しうる論理的な関係を3つの大分類とそれぞれに含まれる下位分類の観点から見てきました。続いて、接続の関係が文中でどのように示されるのかについても言及しておきたいと思います。

接続の方法は言語的なものと非言語的なものの2つに大きく分類されます。前者の代表例としては、それぞれの論理関係の下に記載した「代表的な接続語句」を用いて、

複数の文の間に成立している論理関係を明示する方法や、代名詞を用いて前文の一部や全体を受けることで文脈上のつながりを示すやり方です。一方、後者は上の13の例で見たように読み手が前提知識や常識から書かれていないことを補って論理関係を理解しなければならないケースです。

これらはどちらか一方だけしか使われないということではなく、同時に用いられることもよくあります。13の例でも、interviewという語が意味する内容の構成要素に当然questionsは含まれるため、第1文と第2文に「語彙的なつながり」があると言うこともできるわけです。

この「語彙的なつながり」は上で述べた言語的な接続の一種で英語の文章の流れを追う上では非常に重要なポイントですが、文と文との間の論理関係をより明示的に表現している接続詞や接続副詞に比べると、初・中級者が見落としやすいところでもあるので、少し詳しく見ていきましょう。

語彙的なつながり (lexical linkage)

文と文との間の接続関係を、単語によって示す最もシンプルな方法は、複数の文の中で全く同じ単語や語句を繰り返して用いることです。

しかし、これは法律文書のような特殊なケースを除くと、あまり好ましくない方法とされています。頻繁に用いられるのは言い換え表現で受けるやり方です。

言い換えに用いられる語が、形式上も関連性のある語であるならば、接続が意識されていることを読み取りやすいのですが、多くの場合、そうではありません。下の2つの例を確認してみましょう。

14. (A) The scientist won't come to our event. Science and religion are incompatible.

　訳例 あの科学者は私たちのイベントにはこないだろう。科学と宗教は相いれないからね。

　(B) The physicist won't come to our event. Science and religion are incompatible.

　訳例 あの物理学者は私たちのイベントにはこないだろう。科学と宗教は相いれないからね。

　(A)の例では、1文目のscientistと2文目のscienceが形式的にも結びついていて、語彙的なつながりがあることが明白です。

　一方、(B)の例でも同様にphysicistとscienceの間に語彙的なつながりがあるのですが、形式上は全く異なる語であるため、読み手のほうはphysicistがscientistの下位分類であるという前提知識を使って、その結びつきを読み取

らなければなりません。

　母語であれば誰もが自然にやっていることかもしれませんが、外国語になると、これがハードルとなることもあります。語彙的なつながりや言い換えにどのようなパターンがあるかを知っておくことでこういったものにも対処しやすくなります。順番に確認していきましょう。

具体と抽象の関係

　語彙的なつながり、言い換えの際の最も重要なパターンです。抽象的、一般的な言葉で表現した対象の具体例を挙げることでつながりを表現したり、逆に具体例を先に挙げて、より一般的な言葉で受けなおしたりします。

　前者のパターンは例示（exemplification）の論理関係と、後者のパターンは一般化（generalization）や説明（explanation）の論理関係と相性がよいものです。

　なお、以降の例では、文や節の間に成立している論理関係は英文の後ろに表記しています。

　15. 一般名詞→具体例

　The prices of <u>vegetables</u> are soaring. A <u>cabbage</u> cost 200 yen per head.（例示）

　訳例 野菜の値段が高騰している。キャベツが1玉200円もした。

16. 具体例→一般名詞

He cannot tell "Mainichi Shimbun" from "Asahi Shimbun". He does not read newspapers at all. （説明）

訳 例 彼は「毎日新聞」と「朝日新聞」の区別もつかない。新聞を全く読まないんだ。

さらに具体と抽象に関わるものとしては、同じ個別の対象を指す際に、視点を変えた言い方で受けなおすというパターンも重要です。特に固有名詞が出てきた際に、それをより一般性の高い名詞句で受けなおす形が英語の文章ではかなりの頻度で出てきます。

17. Lawson has been focusing on book sales in recent years. The major convenience store chain operates more than 20 stores selling books. （敷衍）

訳 例 ローソンは近年、書籍の販売に力を入れている。その大手コンビニチェーンには書籍も売っている店舗が20店舗以上ある。

上のような例で2文目のThe major convenience store chainが「大手コンビニチェーン一般」を指すのではなく

「ローソン」という個別のチェーンを指していることを見落として誤読するといった例は、学習者によく見られます。

対比・対照の関係

　これも文や節の間の語彙的なつながりを考える上で非常に重要です。対比的な意味を持つ言葉や語句を用いることで文や節の間に対比や対照の関係があることをほのめかす方法です。もちろん、相性がよい論理関係は対照(contrast)です。

　18の例では、workとpersonal lifeという名詞句だけでなく、quiet and reticentとactive and talkativeという形容詞句も対比になっていることに注意したいですね。

18. At work he is quiet and reticent. In his personal life he is active and talkative.（対照）

　　訳例 仕事では彼は落ち着いていて寡黙だ。プライベートでは活発で、話好きだ。

名詞化での言い換え

　これは前文の内容全体や述語部分を1つの名詞に凝縮させた形で言い換えるものです。名詞化表現が元の表現と形式的にもつながりがある場合とそうでない場合があります。下の例では19が前者に、20が後者に対応しています。

19. He confessed that he secretly loved Mary. This
    confession shocked his aunt in particular. （結果）

　訳 例　彼はじつはメアリーが好きだと告白した。
この告白は特に叔母にショックを与えた。

20. The product sold unexpectedly well. This success
    was welcomed by all involved. （結果）

　訳 例　製品は予想外によく売れた。この成功は関
係者全員に歓迎された。

　以上、接続詞や接続副詞などのいわゆる接続語によら
ず、単語を用いて文や節の接続を生み出す例を見てきまし
た。
　英語では日本語と異なり、主語や目的語を省略して文を
組み立てることが難しいため、同じ語を繰り返し用いると
極めて単調な文になりがちです。これを避けるために、多
彩な言い換えの手法が発達していると考えることもできるか
もしれません。

文章を構成する４つのパターン

　本章の前半では、文と文との間の論理関係やそれを表
現するための手法について確認しました。それらが積み

上げられていって構成されるパラグラフやテキストにはどのような構造があるのか、というのも文章レベルのスムーズな読解の重要なポイントです。

　包括的な英文法書の1つである *A Comprehensive Grammar of the English Language* によると、テキストを構成するパターンには Step（段階）、Chain（鎖）、Stack（階層）、Balance（バランス）の4つがあるとされています。

　Step は事柄を段階に分けて順番に表現していく方法であり、説明書の記述が典型的な例ですが情景の描写など物語文の中でも頻繁に用いられます。

　Chain も段階ごとに記述していく点では Step に似ていますが、途中で横道に逸れたり、逆戻りしたりと一方向に計画的に進んでいく形ではありません。したがって、物語の登場人物の内省や探求などを描くのに向いていると言えます。話が行ったり来たりすることは口語ではよく見られますが、相手に情報を正確に伝えるための説明的な文章ではあまり望ましい形とは言えないでしょう。

　Stack は階層的な構造で、説明文や評論文などの典型的なパターンです。中心となるテーマを明確にした上で、項目ごとにそれを補強する内容を説明し、再びメインテーマに戻ってくるのが基本です。

　最後の Balance は Stack の応用形とも言え、賛成意見と反対意見やメリットとデメリットなどが交互に展開される形です。それぞれの構造のイメージ図を右に示しておきます。

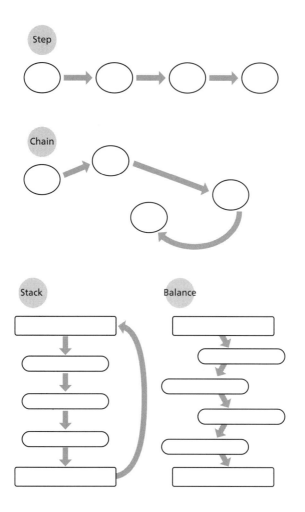

4つの分類のうち、口語的で体系化しにくいChainを除く残りの3つはかなり明確な構造を持っていて、それに慣れることで文章の理解力を大きく高めることができるはずです。個別にもう少し詳しく見ていきましょう。

　なお、ここからは扱う例文も一定の長さを持つものとなるため、練習問題のつもりで最初は自力で英文を読んでみて、その後に解説や訳例に進むようにしてみて下さい。

Step（段階）

　Stepに分類される文章構成法の代表格は時系列（chronological order）と呼ばれるものです。起こった出来事やこれから行うべき手順などを時系列順に段階を追って説明していくパターンです。

　何かを組み立てる際の説明書、料理のレシピなどが典型的な例ですが、物語文で登場人物の一連の行動を描写したりする際にも有効な方法です。

　まず1つ目の具体例として、インスタントラーメンの作り方を説明した英文の冒頭を読んでみましょう。

---

[1]

1 Bring 2 1/2 cups of water to a boil in a small saucepan. 2 Add the noodles and cook for 2 minutes. 3 Add the flavor packet, stir, and continue to

---

cook for another 30 seconds.

— "Perfect Instant Ramen" *NYT Cooking*

（語句）
- saucepan：「小鍋」
- flavor packet：「フレーバーパック（ここではスープの入った袋）」

　インスタントラーメンを作る際にどういう作業をどのような順番で行わなければならないかを1つ1つ説明したものです。単純に手順を並べたシンプルな構成であることが読み取れると思います。説明書やレシピ系の文章ではこのように命令文が用いられるのも特徴です。

（訳例）

　小さい鍋で2.5カップのお湯を沸かす。麺を加え、2分茹でる。スープを加えて混ぜ、さらに30秒加熱する。

　続いて、物語文の描写を読んでみましょう。小泉八雲の名でも知られる文学者ラフカディオ・ハーンの'Yuki-Onna'の冒頭近くからで、茂作と巳之吉という2人のきこりが川を越えて森から家路につく場面を描写しています。

[2]

1 Mosaku and Minokichi were on their way home, one very cold evening, when a great snowstorm overtook them. 2 They reached the ferry; and they found that the boatman had gone away, leaving his boat on the other side of the river. 3 It was no day for swimming; and the woodcutters took shelter in the ferryman's hut—thinking themselves lucky to find any shelter at all.

— Lafcadio Hearn (1904) "Yuki-Onna"

語句
- were on their way home, ..., when 〜：「帰る途中に〜した」
- overtake：「襲いかかる」
- ferry：「渡し場」
- take shelter：「避難する、雨宿りをする」
- at all：「ともかく、そもそも」

　第3文の前半のIt was no day for swimmingの部分だけはこの時点での出来事というより、全体的な状況とそれに対する人物たちの判断を述べていますが、それ以外は基本的に彼らの行動を時系列で描写していることがわかると思います。

　第3文後半のthe woodcuttersの箇所は上で見た固有名の一般名詞による言い換えが用いられていることに注意

しましょう。

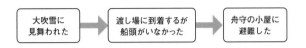

大吹雪に見舞われた　→　渡し場に到着するが船頭がいなかった　→　舟守の小屋に避難した

訳 例

　あるたいそう寒い日の夕暮れ、茂作と巳之吉は帰る途中に大吹雪に見舞われた。渡し場には着いたが、船頭は姿を消していて、船は川の向こう岸につながれていた。とても泳いで渡れるような日ではなかったので、2人は舟守の小屋に避難し、ともかく身を寄せる場所があるだけでも幸いだと思った。

Stack（階層）

　続いて、Stackです。上でも触れた通り、いわゆる説明的な文章の構成法としては極めて重要なパターンであり、論理的な分類（logical division of ideas）と、比較と対照（comparison and contrast）に分けることができます。

　論理的な分類というのは扱っている対象をその特徴や性質などによって分類し、それぞれを説明するという形式で、適用範囲も非常に広く、英語の文章を読んでいるとかなりの頻度で出会います。ライティングのテンプレートとしてよく話題になる、There are three...s. First, 〜 . Second, 〜 .

Third, 〜 .「3つ…があります。 第1に〜、 第2に〜、 第3に〜」というパターンもこれの1種です（実際の英文でそこまでわかりやすい形が採用されているのは稀ですが）。

一方、 比較と対照は複数の対象の共通点や相違点を議論、 分析するものとなります。

まずは論理的な分類から具体例を確認してみましょう。 イギリスのクラフトブルワリー、 マイクロブルワリーの歴史について説明したWikipediaの記事の一節の抜粋です。 第1文（トピックセンテンス）で示されたテーマが、 第2文でどのように展開されているかに注意しましょう。

[3]

1 The term "microbrewery" originated in the UK in the late 1970s to describe the new generation of small breweries that focused on producing traditional cask ale independently of major brewers or pub chains. 2 In 1972, Martin Sykes established Selby Brewery as the first new independent brewing company for 50 years. 3 "I foresaw the revival in real ale, and got in early", he said. 4 Another early example was the Litchborough Brewery founded by Bill Urquhart in 1974. 5 Alongside commercial brewing, training courses and apprenticeships were

offered by Litchborough, with many of the UK movement's early pioneers passing through its courses prior to setting up their own breweries.

— "Craft beer" *Wikipedia*

(語句)

- cask ale：「カスク・エール（ろ過や加熱による殺菌処理を行わないエール、ビール）」
- Selby Brewery：「セルビー醸造所」
- for 50 years：こういう場合、for よりも in を使うのが普通
- get in：「参加する、参入する」
- Litchborough Brewery：「リッチバラ醸造所」
- apprenticeship：「実習」

　第1文では、「マイクロブルワリー」という言葉が生まれた背景に「新世代の小規模な醸造所」（the new generation of small breweries）を表現する目的があったことが語られます。この「新世代の小規模な醸造所」が文の後半にあること、この文の時点では具体的な例が全く出てこないことから、これがパラグラフの中心テーマとなるのではないかということが読み取れます。

　続いて、第2文に目を向けると、In 1972, Martin Sykes established Selby Brewery...「1972年に、マーティン・サイクスがセルビー醸造所を設立した」とあることから、先ほどの第1文の解釈と合わせて、small breweries の具体例を紹介しているのだな、と結論付けることができるでしょう。for example のようなわかりやすい接続語はありませ

んが、breweriesとSelby Breweryといった「抽象→具体」
の語の接続関係や、independently of major brewers or
pub chainsを言い直したindependentといった形容詞の
存在が大きなヒントです。第1文と第2文にある論理関係
はもちろん、例示（exemplification）ということになります。

　ここまで読んだ時点で、「分類してそれぞれを説明する」
という論理的な分類の基本に照らして考えるならば、Selby
Breweryの説明の後に、第1文のsmall breweriesの例が
さらに追加されるのではないかと予測できるはずです。こ
の予測の通り、第3文で創業者の言葉を紹介した後、第
4文では別の例に話題が移行します。

　第4文の出だしであるAnother early example was...「も
う1つの初期の例は…」は非常に重要な箇所。another
example「もう1つの例」という言葉を使うことで第2〜3
文の内容が「1つ目の具体例」であったことを改めて確認
するとともに、それを足掛かりにして、2つ目の例に話題を
切り替える役目を担っています。

　この文が、Another early example was...という語順で
あって、... was another early exampleとなっていないの
は、すでに出てきている情報やそれに関連するものを文の
先頭に置き、新しく文章中に導入される情報は文末に配置
するという情報の流れに対する配慮からです。論理関係
の観点から言うと、この文は第1文に対しては例示（exem-
plification）の関係を、1つめの具体例を導入している第2文

に対しては並列(parallel)の関係を持っていることになります。

　ここまでが読めていれば、当然、第5文で「リッチバラ醸造所」のより詳しい説明が展開されることは想像できますね。パラグラフ全体の構成としても、第1文でthe new generation of small breweriesという中心テーマが示され、その具体例を2つそれぞれ説明しているという流れが明確に見えるのではないでしょうか。

文章の構造

第1文	中心テーマの提示
	新世代の小規模な醸造所

The term "microbrewery" originated in the UK in the late 1970s to describe **the new generation of small breweries** …

第2文	具体例1の提示
第3文	具体例1の補強

第4文	視点の移行・具体例2の提示

Another early example was the Litchborough Brewery founded by Bill Urquhart in1974.

第5文	具体例2の補強

　なお、第5文の文末の、with many of...はwithの付帯状況の構文となっていて、「イギリスの初期のパイオニア

たちの多くがリッチバラの訓練コースを受けてから、自分の醸造所をかまえた」という結果を表現しています。

「マイクロブルワリー」は、1970年代後半にイギリスで生まれた言葉で、大手ビールメーカーやパブチェーンから独立して伝統的なカスク・エールを製造することに焦点を当てた、新世代の小規模醸造所を表すためのものだった。1972年、マーティン・サイクスは50年ぶりに独立した新しい醸造会社としてセルビー醸造所を設立した。「リアルエールの復活を予見し、いち早く参入したのです」と彼は語っている。別の初期の例としては1974年にビル・アーカートが設立したリッチバラ・ブルワリーがある。リッチバラでは商業醸造と並行してトレーニングコースや実習が行われ、英国のビール運動の初期のパイオニアたちの多くが、このコースを修了してから自身の醸造所をかまえている。

続いて、比較と対照の関係に目を向けましょう。中心テーマである比較対象を最初に提示し、それらの詳細について述べていくという点では論理的な分類に近いですが、主に2つのものの共通点や相違点に焦点を当てて説明するというのが特徴です。

比較と対照の文章構成のパターンは、対象の1つを全て説明してからもう1つの対象に移るブロック型と、角度を変

えながら基準ごとに比較していくポイント型に分かれます
が、ポイント型はBalanceに属するものとなりますので後で
述べることにして、まずは、ブロック型を実例を使って確認
してみます。

『月と六ペンス』などで知られる20世紀に活躍したイギリ
スの作家サマセット・モームの自伝的エッセイからの抜粋で
す。少し難しく感じるかもしれませんが、頑張って取り組
んでみて下さい。

---

[4]

1 I am told that there are natural singers and made
singers. 2 Though of course he must have something
of a voice the made singer owes the better part of
his accomplishment to training; with taste and mu-
sical ability he can eke out the relative poverty of
his organ and his singing can afford a great deal of
pleasure, especially to the connoisseur; but he will
never move you as you are moved to ecstasy by the
pure, bird-like notes of the natural singer. 3 The
natural singer may be inadequately trained, he may
have neither tact nor knowledge, he may outrage all
the canons of art, but such is the magic of his voice
that you are captivated. 4 You forgive the liberties

---

he takes, his vulgarities, his appeals to obvious emo-
tion, when those heavenly sounds enchant your ear.
— W. Somerset Maugham (1938) *The Summing Up*

語句

- natural singers：「生まれついての歌い手」
- made singers：「努力してなった歌い手」
- the better part of …：「…のかなりの部分」
- eke out：「(不足分などを)補う」
- connoisseur：「目利き、玄人」
- tact：「機転、如才なさ」
- canon：「(芸術上の)規範、ルール」
- take liberties：「原文などを勝手に変更する、原則から逸脱したことを
 する」

　第1文でnatural singersとmade singersという2種類の
「歌い手」が登場するため、これらがテーマになると理解
できます。

　第2文は主節の主語がthe made singerとなっていること
から、made singerの説明が展開されていると考えて読み
進めましょう。セミコロン(;)で節が複数並列されています
が、主語は全てthe made singerに関わるものであり、
made singerをまとめて説明する形になっていることが読み
取れます。

　ただし、後半のbut以下の部分は要注意です。he will
never move youに続くas節で受動態が用いられていること
に注目しましょう。じつはこの受動態は1つ目の比較対象で

あるthe made singerから2つ目の対象のthe natural singerへと読み手の視点を移行させるための装置の役割を果たしています。

　実際、ここを受動態にすることで、この後半部がthe made singerを指すheに始まり、the natural singerで終わる形になっていることがわかるかと思います。as節を能動態で表現したら、文末はmove you to ecstasyとなってしまうため、同じ効果は期待できません。また、ここでthe natural singerに視点を移行させるのと同時に、その特徴について一部を説明している点もポイントです。

　この第2文の末尾を受けて、第3文はThe natural singerを主語とする形で始まり、第4文もその説明が続きます。第3文の後半、but以下のsuch is the magic of his voice that...の箇所は、The magic of his voice is suchのsuchが文頭に出て、主語とbe動詞の倒置が起こっていること、また、suchが後ろのthat節と呼応して、「非常にすごいので…」という構文を作っていることに注意しましょう。

　それぞれの対象をまとめて説明するブロック型の性質上、2つの対象が直接的に比較されているのは、視点が移行する第2文のbut以下の部分だけですが、語の接続を見ていくと様々な点で比較がなされていることがわかります。たとえば、第2文前半のtrainingは第3文のinadequately trainedの部分に、また、同じく第2文前半のtaste and musical abilityは第3文のneither tact nor knowledge

に対応していることがわかるでしょう。

全体としては、trainingもtaste and musical abilityも the pure, bird-like notes of the natural singerには勝てな いという趣旨であり、その意味でも視点の移行の役割を果 たしていた第2文の後半がこの文章の中で一番重要だと言 えるかもしれません。なお、この文は訳例でも少々工夫し ていますが、どうしてそういう訳になるのかは第5章で詳し く説明したいと思います。

文章の構造

第1文	中心テーマの提示
	生まれついての歌い手と 努力してなった歌い手の比較

I am told that there are **natural singers** and
made singers.

第2文前半	努力してなった歌い手の説明
第2文後半	視点の移行、生まれついての 歌い手の強みに言及

he(= **the made singer**) will never move you
as you are moved to ecstasy by the pure,
bird-like notes of **the natural singer**.

第3文	生まれついての歌い手の説明
第4文	生まれついての歌い手の説明

訳 例

歌い手には生まれついての歌い手と、努力してなった歌

い手がいると言われている。後者の歌い手もそれなりの声はもちろん持っているが、その歌唱力の大部分は訓練によるものだ。センスのよさと音楽的な技能によって声帯の貧弱さを補い、その歌は、特に愛好家には大きな喜びをもたらすことができる。しかし、このタイプの歌い手が絶対に与えてはくれない感動を与え、恍惚とさせてくれるのが、純粋で鳥のような歌声を持つ生まれついての歌い手だ。生まれついての歌い手は、訓練が不十分で、機転も利かず知識もなく、芸術の規範をすべて破っているかもしれないが、その声の魔力はすさまじく、虜（とりこ）になってしまう。天性の声色に耳を魅了されると、不遜（ふそん）さや下品さ、感情にあからさまに訴えるやり口も許してしまうのだ。

　さて、比較と対照のブロック型を扱いましたが、もう1つのポイント型は先にも言及した通り、文章構成パターンの中のBalanceに分類できるものなので、そちらに話を進めたいと思います。

Balance（バランス）

　Balanceも文や節の方向性が行ったり来たりするという点ではChainと似ているのですが、行き当たりばったりではなく、計画性の高いものであり、説明的な文章の中でも用いられます。具体的には、ある1つのもののプラス面とマイナス面であったり、比較対象のそれぞれであったりが交

互に登場してくる形で構成されるパターンです。

　下の記事の抜粋では、東京ディズニーリゾートとユニバーサル・スタジオ・ジャパン（USJ）のどちらが好きかという問いの回答に見られる地域差の調査結果を紹介しています。東日本に住む人と西日本に住む人の嗜好の比較を行っていますが、まずは都道府県の数、続いて人数のパーセンテージと基準ごとに説明する形となっていることに注意して読んでみて下さい。

---

[5]

① ₁ On a national scale, Disney seemed to win by a small margin, earning 56.8 percent of the votes. ₂ But as you can see, most of the people who like Disney seem to live in the east, while the USJ fans seem to live primarily in the west. ₃ Respondents from 16 prefectures in eastern Japan prefer Disney, and only four USJ, while in the west, 13 prefectures prefer USJ, though Disney puts up a good fight, as it seems to have captured the hearts of seven western prefectures.

② ₁ Put in percentages, of the respondents from eastern Japan, 61.4 percent preferred Tokyo Disney and 38.6 USJ. ₂ In contrast, 56.4 percent of respondents from western Japan said they liked USJ, as opposed to the 43.6 percent of respondents who liked Disney. ₃ It's a fairly sensible result, given that USJ is in Osaka in western Japan, and Disney is just outside of Tokyo, more to the east. ₄ Perhaps the proximity of the theme park increases its appeal for visitors.

— *Japan Today* (2020) "Tokyo Disneyland or Universal Studios Japan, which is better? Poll reveals sharp regional divide"

語句
- by a small margin：「僅差で」
- as you can see：「見てわかるように」は元の記事にあった、投票の結果を示した図を受けて使用されている
- put up a good fight：「頑張る、健闘する」
- put in percentages：「パーセンテージで言うと」
- as opposed to…：「…に対して」
- proximity：「近さ」

　国内全体で見ると、ディズニーが僅かに上回っているという前置きの後、第2文で中心テーマである「ディズニー好きは東に、USJ好きは西にいる」という内容が示されます。

　ブロック型であれば、この後、まずは東にいる人々の調査結果をまとめて紹介するという形になると思われますが、ここでは、県の数について、whileを軸に第3文の前半で

東の事情を、後半で西の事情を説明している形になっていることがポイントです。

　構文の観点からも注意が必要で、only four USJ の箇所では、only four (prefectures in eastern Japan prefer) USJ のように語句を補って正確に読み取りましょう。and を挟んで同じタイプの節が続くため、後半の節で共通要素が省略された形です。

　第2パラグラフで比較の基準がパーセンテージに移りますが、やはり、第1パラグラフと同じで、第1文で東側の事情を説明した後に、第2文では in contrast という接続語句を用いて対象を切り替え、西側の事情に焦点を当てています。第1文の末尾の 38.6 USJ の部分は第1パラグラフの第3文と同様の省略が用いられた形で、38.6 (percent preferred) USJ と補って考えましょう。

　第3〜4文はここまでのパラグラフの内容から導かれる結論を述べる形となっています。第1パラグラフでは文の中の節と節、第2パラグラフでは文と文という違いはありますが、東側の事情→西側の事情→東側の事情→西側の事情というように焦点を当てる対象が交互に入れ替わっていることがわかると思います。

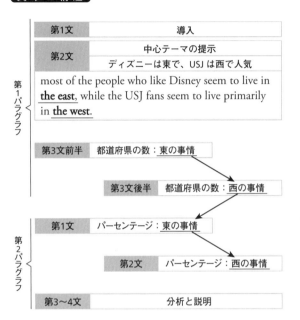

| 第1文 | 導入 |

| 第2文 | 中心テーマの提示 |
| | ディズニーは東で、USJは西で人気 |

most of the people who like Disney seem to live in **the east**, while the USJ fans seem to live primarily in **the west**.

| 第3文前半 | 都道府県の数：東の事情 |

| 第3文後半 | 都道府県の数：西の事情 |

| 第1文 | パーセンテージ：東の事情 |

| 第2文 | パーセンテージ：西の事情 |

| 第3〜4文 | 分析と説明 |

第1パラグラフ

第2パラグラフ

訳 例

　全国規模では、ディズニーが56.8%の票を獲得し、僅差で勝利したようだ。しかし、ご覧の通り、ディズニーが好きな人の大半は東側に住んでいるのに対し、USJファンは主に西のほうに住んでいるように見える。東日本では、16県の回答者がディズニーのほうが好きだと答えているが、USJのほうが好きだと答えたのはたった4県だ。一方、西日本では、13県がUSJと答えている。ディズニーも西日

本の7県のハートをつかんでいるようなので、健闘はして
いるのだが。

　パーセンテージで言うと、東日本の回答者のうち、東京
ディズニーリゾートのほうが好きと言ったのが61.4%、一
方、USJのほうを選んだのは38.6%という結果になった。
対照的に、西日本の回答者は、ディズニーが43.6%に対
し、USJが56.4%となっている。USJが西日本の大阪に、
そして、ディズニーが東京のすぐ近く、より東側にあること
を考えると、これはそれなりに納得できる結果だ。多分、
テーマパークは近いほど、利用客にとって魅力が増すのだ
ろう。

チャレンジ問題で腕試し！

ここまで扱ってきた文章レベルの読解の方法を、より長い文章の読解を通じて実践してみたいという人向けに1つのエッセイを用意しました。

日本を愛するアメリカ人の著作からの抜粋で、日本の花見文化を紹介した内容になっています。1つ1つの文の単語や構造はシンプルなので、主に文と文とのつながりや文章レベルの構造を意識して読んでみて下さい。

---

① 1 In English, we talk about how important it is to "stop and smell the flowers." 2 Literally, the expression usually causes problems for me; I am VERY allergic to flowers! 3 But figuratively, the expression means taking time out from our busy schedules to enjoy the little details of life. 4 And I don't have any problems with that.

② 1 The expression translates almost perfectly to *hanami*, a practice we don't enjoy as officially in America as people do in Japan. 2 Personally, I think the social and spiritual aspects of *hanami* are more beautiful than the actual flowers.

③ 1 It goes without saying that *hanami* is a time for gathering together. 2 Flower-blossom parties in the early evening are a fun way for co-workers to un-wind and enjoy nature. 3 On the weekends, going to parks with your friends and loved ones is a nice (and pretty inexpensive) way to spend time. 4 In American culture, we tend to spend holidays from Thanksgiving to New Year's together, but the spring and summer are a bit lacking in together-ness. 5 Living in Japan, I find I look forward to *hanami* parties with friends almost as much as I do winter holiday parties.

④ 1 Spiritually, *hanami* is a very rich tradition, in my opinion. 2 First, *hanami* is a way to celebrate the newness of spring, fresh starts, and attitudes. 3 Fur-ther, cherry blossom season causes us to adapt to nature. 4 This is because though we are aware of the general time that flowers will bloom, we have no control over it. 5 When we learn that blossoms are *mankai*, or in full bloom, we do our best to clear our schedules to make time to appreciate the blos-soms.

⑤ 1 While I was in Japan, the weather had been bad around cherry blossom season. 2 Strong winds, cold temperatures and rain had made the seasons short, giving us little time to enjoy the blossoms.

₃ However, what moved me was the ability of Japanese people to appreciate what there is, rather than complain about what is missing. ₄ The times when *mankai* was shorter than usual, people still made their way to parks to enjoy the few blossoms that clung to the trees, and the spirit of the season.

⑥ ₁ Though I'm not a fan of flowers, I am a big fan of *hanami*, and the lessons around it. ₂ I think I'll try to practice these lessons throughout the year, stopping to smell the flowers and savoring the sweetness of life in Japan.

— Adiya Dixon (2008) *To Japan, with Love*

語句
• figuratively：「比喩的には、比喩的な意味では」
• translate to…：「…に翻訳できる」
• practice：「慣例、習慣」
• unwind：「(仕事の後などに)リラックスする」
• togetherness：「連帯、親交、一体感」
• appreciate：「鑑賞する、評価する」
• cling to…：「…にしがみつく」
• the lessons around it：「それにまつわる教訓」
• savor：「ゆっくりと味わう」

　第1パラグラフは完全に前置きなので、文章全体の理解にはそこまで深刻な影響を与えませんが、第2文と第3文でstop and smell the flowersという表現の文字通りの意味

と比喩的な意味が対比的に説明されていることは理解しておかなければなりません。このエッセイで重要になるのは、もちろん、比喩的な意味のほうです。

この stop and smell the flowers という英語の言い回しを枕にして、第2パラグラフの第1文から本題の日本の花見文化に入っていきます。そして、続く第2文が極めて重要な役割を果たすものとなっています。この文の役割をしっかりと理解できたかどうかが、エッセイ全体をどれくらい正確に読めているかの1つの指標になると言っても過言ではありません。

ここで著者は the social and spiritual aspects of *hanami* are more beautiful than the actual flowers「花見の社交的、心理的側面のほうが実際の花そのものよりも美しい」と言っていますが、これは漫然と花見の文化を賞賛しているわけではありません。このエッセイ全体の中心テーマを提示すると同時に、特に第3〜4パラグラフの流れを予告しているのです。

本章で紹介した文章の構成法の用語を使うと、この第2パラグラフの第2文から第4パラグラフまでは stack の「論理的な分類」の構造になっていると言えます。具体的に見ていきましょう。

第3パラグラフの第1文では、*hanami* is a time for gathering together「花見は（人々が）集まるための機会だ」ということが言われています。少し難しいかもしれませんが、

本章の前半で扱った「語彙的な接続」の知識を活かして、このgathering togetherがsocial and spiritual aspects of *hanami*のsocial aspects「社交的な側面」に対応していることを読み取ることができれば、このパラグラフでは花見の社交的な側面の説明や、そのメリットが紹介されるのだろうと予想できます。

　同時に、もしそうだとするならば、もう1つのspiritual aspects「心理的な側面」の説明もないと文章構成上バランスが取れないので、後のパラグラフでは「心理的側面」の説明がくるはずだと考えることも可能です。

　しかし、仮に第2パラグラフの第2文との関係に気づかずに第3パラグラフを漫然と読み進めてしまっても、第4パラグラフの冒頭でSpirituallyという、spiritualと明確に対応する言葉が出てくるので、ここで第2パラグラフのspiritual aspectsとの結びつきを意識できるはずです。

　これに気づけば、改めて第3パラグラフに目を向けて、social aspectsがgathering togetherと言い換えられていることを確認し、「社交的な側面」の説明が展開されていたことを振り返って理解することも可能でしょう。

　なお、第4パラグラフ自体でもfirstとfurtherという副詞を用いて、心理的側面の異なる2点が紹介されている点に注意が必要です。

　続く第5パラグラフは心理的側面のうちの2点目である「自然に合わせる」というやや漠然とした要素をさらに説明

するために、著者自身の経験を紹介したものになっています。第5パラグラフでは過去形が用いられていることからも、経験による具体例にシフトしていることが読み取れますね。

　天候に恵まれずとも、今あるものを楽しもうとする人々の姿に感動したということを伝えることで、筆者が「自然に合わせる」という言葉で何を言おうとしているのかがより明確になっています。

　最後の第6パラグラフは全体のまとめで、言葉は違っていても新しい情報はほとんど追加されていません。この文章全体の構造を図示すると次のような形になります。

第1パラグラフ　前置き

第2パラグラフ
第1文　第1パラグラフのテーマから本題へ
第2文　…the social and spiritual aspects of hanami are more beautiful

第3パラグラフ
第1文　It goes without saying that *hanami* is a time for **gathering together**.
第2〜5文　社交的な側面

第4パラグラフ
第1文　**Spiritually**, *hanami* is a very rich tradition, in my opinion.
第2文　First…心理的側面の1点目
第3〜5文　Further…心理的側面の2点目

第5パラグラフ　第4パラグラフの心理的側面の2点目の敷衍

第6パラグラフ　全体のまとめ

　語彙や構造は比較的シンプルなので、中級学習者でもそう苦労なく読むことができるものですが、このエッセイを大学の教室などでヒントを提示せずに要約してもらうと、上図

のような構成を見落としてか、前半の社交的側面の内容に全く触れていない要約が多く出てきます。各英文の文章中の機能をしっかりと把握できているかどうかが、文章全体の理解に大きく影響する好例だと言えるかもしれません。

訳 例

　英語では、「立ち止まって花の香りをかぐ」ことがとても大切であると言うことがある。この言葉に文字通りに従うと私にとっては厄介なことになる。花粉に対するひどいアレルギーのせいだ。だが、比喩的には、これは忙しいスケジュールの合間を縫って、人生の些細なことを楽しむということを意味している。そのことについては私も何の異論もない。

　この表現は「花見」にほぼ完全に対応している。日本人がアメリカ人よりも公に楽しんでいる習慣である。個人的には、花見は実際の花そのものよりもそれがもたらしてくれる社交的、心理的な側面のほうが素晴らしいと思う。

　お花見が人々の集う機会であることは言うまでもない。夕方に行われる花見パーティーは、職場の人たちが自然を楽しみながらくつろげる楽しい時間だ。週末に、友人や恋人と公園に行くのも素晴らしい（しかも、かなり安あがりの）時間の過ごし方だ。アメリカの文化では、感謝祭からニューイヤーまでの休日を一緒に過ごすことが多いが、春と夏はちょっと一体感に欠ける。日本に住んでいると、友人たちと

のお花見も、冬の年末年始のパーティーと同じくらい楽しみになるものだ。

　心理的な面でも、花見はとても豊かな伝統だと思う。第一に、花見は春の新しさ、再出発、心構えを祝うものだ。さらに、桜の季節については、自然に合わせざるを得ない。なぜなら、花が咲くだいたいの時期はわかっていても、コントロールすることができるわけではないからだ。桜が満開だと知ると、私たちはできるだけスケジュールを空けて、桜を愛でる時間を作るのだ。

　私が日本にいた頃、桜の季節は天候が悪かった。強風と寒さ、そして雨のために花見の季節は短くなり、桜を楽しむ時間はほとんどなかった。しかし、感動したのは、日本人がないものに文句を言うのではなく、あるものを楽しむことができていたことだ。満開の時期が例年より短くても、人々は公園に足を運び、木々に残るわずかな花を楽しみ、季節の気分を味わっていた。

　花は好きとは言えないが、お花見とそこから得られる教訓は大好きだ。立ち止まって花の香りをかぎ、素晴らしい日本の生活に思いを馳せながら、一年を通してこれらの教訓を実践していこうと思う。

―――― 独習のヒント ――――

　本章では、文章レベルの解釈に焦点を当て、前半では文と文との間に成立する論理関係やそれを表現するための言葉を、後半では複数の文がまとまって1つのカタマリをなしているテキストの構造のタイプを確認してきました。

　冒頭でもお伝えした通り、これらは母語であっても意識していないとつい見逃してしまいそうなものであり、文レベルの理解に負荷がかかりやすい外国語の場合は特にその傾向が強いです。

　英文を読む際に、文内の語句や構造だけにとらわれず、文と文との接続や文章の流れにも常に注意する癖をつけることが重要になるでしょう。

　文章レベルの解釈をさらに練習したいという方には、大学受験参考書だと桜井博之『英文読解の着眼点 ―― 言い換えと対比で解く』(駿台文庫)や太庸吉『英文精読へのアプローチ ―― ミクロとマクロの視点から』(研究社)などが、一般書だと拙著『英文解体新書 ―― 構造と論理を読み解く英文解釈』(研究社)の第8章、及び『英語の読み方 ―― ニュース、SNSから小説まで』(中公新書)の第3章などがおススメです。

いかめしい単語の
効率的な覚え方

「ビッグワード」とどう向き合うか

　さて、第1章と第2章で文と文章の構造のパターンやスムーズな読み取りの方法について述べてきましたが、いくら構造が見えても単語がわからなければ正確に読むことは難しいのではないかと感じている方も多いことでしょう。

　語彙力の場合、文法などと違って、どれだけ覚えればよいかが見えにくいため、中級レベルの学習者が特に苦手意識を抱えやすいところでもあります。

　序章でも述べたことですが、このレベルの学習者が難しいと感じる英単語にはbig wordsと呼ばれる見るからにいかめしい単語と、平凡だけれども日常言語が英語ではない人には意外に手強い単語の両方が含まれます。

　どちらのタイプの単語も様々な英語に繰り返し触れて覚えていくのが基本ではありますが、前者のタイプについては意味を持った複数のパーツから成り立っているものが多く、そのパーツを分けて考えることで記憶の負担を大幅に減らすことができます。

　また、これらの語は新聞記事やニュースなども含め、硬めの文脈で頻繁に用いられるため、大学生やビジネスパーソンなど、どちらかというとノンフィクションの英語を読む機会が多い人にとって特に有効なものとなるはずです。

　本章ではこれらのbig wordsと呼ばれる語にフォーカスを当て、覚える際にどういった工夫が可能かを、単語の成り立ちや接辞の意味などに触れながら解説していきます。た

だし、語の成り立ちの知識を使った単語学習では注意して
おかなければならない点もあるため、まずは私の体験を踏
まえて、成り立ちを知ることの意味や現実的な効果につい
て述べておきたいと思います。

　次の英文を読んでみて下さい。

The girl was so beautiful that all men who saw her
became enamored of her.

　文法構造的にはそれほど難しくないはずです。The girl
（S）was（V）so beautiful（C）というSVCの構造が核で、
そのCの部分にあるsoと後ろのthat...が連動していわゆ
るso 〜 that...の構文を作っています。つまり、「その少
女はとても美しかったので…だった」という内容です。

　ここまでは問題なくわかったとしても、that節の中で使わ
れているbecame enamored of herの部分はどうでしょう
か。文脈から何となく予想はつくかもしれませんが、はっき
りと自信を持って解釈できるのはかなりの語彙力がある人に
限られるかと思います。

　種明かしをすると、このenamoredという語は「夢中に
なって、魅了されて」という意味の形容詞で、「その少女
はとても美しかったので、彼女を目にした男性はみな彼女
に夢中になった」というのが英文全体の訳となります。

語彙を増やし、定着させるまでの流れ

じつは私自身が学生時代、このenamoredという語に少々苦しみました。見たことはあるけれど意味を思い出せないということを何度も経験したのです。しかし、ある時enamoredの元になっているenamorという動詞の成り立ちを理解したことをきっかけに、忘れることはなくなりました。

この動詞は名詞や形容詞に付いて他動詞を作る接頭辞en-（例：encourage「励ます」、enrich「豊かにする」）と、「アモーレ」と同語源のamor「愛」が組み合わさってできた語で、「夢中にさせる、とりこにする」を意味します。当時、en-についても「アモーレ」についてもすでに知識があった私は、成り立ちを知って「なんだ、そういうことだったのか」と膝を打ち、それ以来、enamoredの意味を思い出せなくて困るということがなくなったのです。

このエピソードには単語の成り立ちを学んで語彙力を増強していく際のヒントがいくつか隠れていると言えます。まず1つは、個々のパーツの知識から意味を推測することの難しさです。

上記のように私は接頭辞のen-や「アモーレ」という言葉については知っていましたが、辞書や語源事典で調べ、はっきりと確認するまでenamoredという語の理解にそれを活かすことができませんでした。このことは接辞などのパーツの知識を増やすだけでは必ずしも未知の単語の意味をスラスラと推測できるようになるわけではないということを示唆

しています。

　一方、語源の説明を読んだ後は成り立ちをすぐに理解でき、上で述べた通り意味を忘れることもなくなりました。関連する知識があれば少し複雑な作りの語であっても比較的容易にものにすることができ、かつ、一度覚えたら定着しやすい、ということがわかります。

　これらの点を踏まえると、語源や語の成り立ちを学ぶ際にはいきなり初めて聞くような接辞などを覚えるよりも、すでに知っている語や知識に含まれているものから入ったほうがスムーズにいくということ、また、接辞などのパーツの意味を知ることの特に大きな効果は、未知語の推測よりも、むしろ覚えた語を忘れにくくすることにあるということが言えるかと思います。

　本章は、この点を念頭に置いて、読者の皆さんが既知の内容を使って語彙を増やし、語の知識を定着させていくためにポイントとなる事項に焦点を当てています。

　具体的には、まず小中学校の理科の授業で誰もが覚えた単位の名前を使ってパーツの知識を増やすというところから入り、そこから月の名前、外来語、中級レベルの英単語を活用するというステップへと順番に進んでいきます。

　これらの項目は全て、大学や受験塾などでの私の講義経験から中級学習者にとって理解しやすいと思われるものを選んでいますが、その中でもより多くの人の共感を得られるだろうものから順番に並べています。

それではさっそく、最初の節に入りましょう。

知っておくと便利な単位や数字の知識

大学の講義の際に、履修者の英語力を問わず「なるほど」という頷きを多くの学生から得られる話があります。単位に関する話です。日常で使用している長さや体積の単位のことを思い浮かべてみて下さい。

長さだと、メートル、センチメートル、ミリメートルというのがありますね。体積だとリットルやccというのがありますが、小学校の理科で習ったデシリットルというのを覚えている人も多いでしょう。この単位の名称のうち、たとえば、センチやミリ、あるいはデシというのはどういう意味ですか、と聞かれて皆さんは答えられるでしょうか。

じつは、デシ(deci-)は「10分の1」、センチ(centi-)は「100分の1」、ミリ(milli-)は「1000分の1」という意味です。したがって、センチメートル(centimeter)というのは「100分の1メートル」というわけですね。このdeci-、centi-、milli-に関連する接辞は単位だけでなく他の語でも多く用いられています。

たとえば、1世紀＝100年を表すセンチュリー（century）や1000年を表すミレニアム(millennium)は多くの人が知っているでしょう。また、誰もが日常で用いているパーセント(percent)も「…につき」を意味する前置詞のperとcent「100」が結びついたものであり、「100につき」を意味し

ます。パーミル（per mille）という表現も同様の理屈で「1000につき」となります。

　デシ-（deci-）も同様に多くの語に関連するパーツが見られます。最もわかりやすい例がdecade「10年」という単語ですね。他にもスポーツが好きな人であれば、triathlon「三種競技」やbiathlon「二種競技」と並んで、decathlon「十種競技」という競技名を知っている人もいるのではないでしょうか。

　あるいは文学に詳しい方なら中世イタリアの作家ボッカチオの物語集 *Decameron*（『デカメロン』）などが思い浮かぶかもしれません。これも「10日」という意味で、deca-が「10」を表しています。

　デシリットルやセンチメートル、ミリメートルというのはほとんどの人が理解している概念だと思われますので、以上のような説明を聞いただけでこういったパーツの意味をすんなりと吸収でき、忘れにくくなるのではないかと思います。

　下に、これらのパーツの知識が活かせる語で少し難しいものを挙げておきますので確認してみて下さい。

decimate：「大量に殺す、10人に1人殺す」

　なぜ「10人に1人殺す」などという意味の単語があるのかと不思議に思われるかもしれませんが、これは古代ローマで反乱軍などの兵士をくじ引きで選んで10人に1人を殺すということが行われていたことがあり、その刑罰に由

来する語です。

　しかし、本来の意味でこの語を使う場面は現在ではまず存在しないため、もともとは誤用であった「大量に殺す」のほうが勢いを強めてきて、現在はそちらの意味が普通になっています。

centenarian：「100歳の人」

　これも時事英文などで目にする語です。ちなみに、nonagenarian「90代の人」、octogenarian「80代の人」、septuagenarian「70代の人」という言い方もあります。これらの語を見て、「あれ？」と思った人もいるかもしれません。これについては次の節で説明します。

centipede：「ムカデ」　millipede：「ヤスデ」

　日本語でも「ムカデ」は「百足」と書きますが、英語も全く同じ成り立ちで、-pedeは「足」という意味です。これはpedal「ペダル」の由来でもあると聞けば覚えやすいかもしれません。

　「ヤスデ」はムカデよりもさらに足が多いという理由からか、「1000」が用いられていますが、「千足」は日本語にはないですね。

語源から意味がずれることもある

　上のcentenarianの説明のところで少し触れましたが、

「80代の人」がoctogenarian、「70代の人」がseptua-genarianというのは妙だなと思った方もいるかもしれません。というのも、octo-と明らかに関連のありそうな月Oc-toberは「8月」ではなく、「10月」であり、septua-と関連のありそうなSeptemberは「7月」ではなく「9月」だからです。

じつは、これはローマ暦の旧暦の名残で、当時は現在の3月から12月くらいに当たる時期に10の月が設置され、現在の1〜2月の期間に2か月ほど日付のない日が続くというシステムが採用されていました。したがって、現在の9月に当たる月が7番目の月でSeptember、10月に当たる月が8番目の月でOctoberと呼ばれていたのです。

「90代の人」のnonagenarianは少しわかりにくいかもしれませんが、このnona-も「9」を表すnovemというラテン語から派生した接頭辞であり、当時の9番目の月であった現在の11月、Novemberと関連しています。ここまでくれば、12月がDecemberというのもうなずけると思います。当時の10番目(dec-)の月ということですね。

なお、8月までは人名などに由来する名前が付いているため、このルールが当てはまるのはあくまで9〜12月です。

表3-1　月名と接頭辞の関係

月（現在）	現在の3月から数えると…	英語
9月	7番目	September
10月	8番目	October
11月	9番目	November
12月	10番目	December

　表3-1のように語源の意味と2ずつずれるのはあくまで月名に特有の現象です。したがって、年齢を表す言葉はseptuagenarian＝「70代の人」と本来の意味に沿ったものですし、また、それ以外でも、たとえばoctagon「八角形」、octave「オクターブ、8音」、octopus「8本足＝タコ」といった語ではそのままの意味が生きています。

応用範囲が広い単語を押さえよう

　大学入試の読解英文は硬質のエッセイや専門書一歩手前の入門書などからも頻繁に出題されるため、基本的な学問の名称の知識は受験英単語ではマストになっています。

　大学受験を経験した人であればscience「科学」やphilosophy「哲学」などは言うまでもなく、下に示したような学問の英語名を少なくともいくつかは覚えたという人が多いのではないでしょうか。

表3-2 学問の名称

英語名	日本語名
anthropology	人類学
biology	生物学
economics	経済学
geology	地質学
pathology	病理学
politics	政治学
psychology	心理学
sociology	社会学
statistics	統計学
theology	神学

　これらの名称の知識はじつはかなり応用性が高いものです。まずは、scienceとphilosophyという基本語から見てみましょう。scienceは今では「（自然）科学」のイメージが強いですが、もとはラテン語のscientia「知識、専門性」に由来する語で、より広く「知識、学問」という意味で使われていました。現在でもomniscient「全知の、博識の」のような語にその名残が見られます。

　philosophyはギリシャ語の「愛」を意味するphilo-と「知識、知恵」を意味するsophiaが組み合わさった語で、文字通りの意味は「愛知」です。philo-と関連するパーツは、たとえば、philharmonic「音楽愛好の」やpedophilia「小児性愛」などの語に、sophiaのほうは、so-phisticated「洗練された」やsophism「詭弁、こじつけ」といった語に含まれています。

表3-2で紹介した語についても確認してみましょう。半数以上のものに共通する接尾辞の-logyが「言語、論理、学問」を意味することは有名ですね。日本語になっている「ロジック」や「ロジカル」と同様、「言語」を意味するギリシャ語のlogosに由来します。

ちなみに、これと対をなすのは「感情、苦しみ、病」を表すpathosで、apathy「無関心」、antipathy「反感」、empathy「共感」、sympathy「同情」、telepathy「テレパシー」など感情や気持ちと関連する多くの語の接尾辞となっている-pathyの語源です。

表の単語のうち、-logyで終わらないものには全て-icsという接尾辞が付いていますが、こちらは「…に関連する事柄」を意味するギリシャ語の-ikosに由来するもので、上で紹介したもの以外にも、eugenics「優生学」、mathematics「数学」、physics「物理学」などがあります。

個々の学問の名称にも語彙力拡充に役立つパーツが満載です。まずはanthropology「人類学」ですが、anthropo-は「人間」を意味するギリシャ語が語源です。これがわかれば上で扱った知識と合わせてphilanthropyが「人類愛」→「博愛、慈善」という意味になる理由が納得できますね。

anthropoはこれ以外にもmisanthrope「人間嫌い」やanthropocentric「人間中心の」、anthropomorphism「擬人化」、Anthropocene「人新世」などといった語に登場しています。一見、かなりの難単語に見えるかもしれませんが、新聞記事や雑誌記事などでも目にするものです。

続いて4つ目のgeology「地質学」に目を向けてみましょう。「地球、土地」を意味する接頭辞geo-とlogosに由来するlogyが結びついた語です。geo-を含むものには、geography「地理学」やgeometry「幾何学」といった学問の名称に加え、geocentric「地球中心の、天動説の」といった語があります。

一方、「太陽中心の、地動説の」はheliocentricと言います。当然、このhelio-は「太陽」を意味する接頭辞ですが、これは発見当時、太陽を構成する元素だと考えられたガスであるhelium「ヘリウム」の由来にもなっています。

5つ目のpathology「病理学」の前半はすでに上で確認したギリシャ語のpathosと関連していますが、ここでは「感情」のほうではなく「苦しみ、病」のほうの意味が前に出ていると考えることができます。

同じく「病」の意味が用いられているものとして、pathogen「病原体」や、近年日本語にも定着してきたpsychopath「サイコパス」などがあります。このpsycho-pathのpsycho-が7つ目のpsychology「心理学」の前半

と同じもので「心理、精神」を意味することは言うまでもありませんね。

最後のtheology「神学」はこの表の中ではやや難しい単語と言えるもので、知らなかった方も多いかもしれません。theo-はギリシャ語のtheos「神」に由来し、様々な語の中に含まれる要素となっています。

代表的な例を挙げると、monotheism「一神教」、polytheism「多神教」、atheism「無神論」、apotheosis「神格化」などです。もしかすると、読者の中にはatheism「無神論」という語に反応した方がいるかもしれません。apathy「無関心」と似ているのではないか、と。

そうだとしたらなかなか鋭い視点です。じつはギリシャ語のa-という接頭辞には否定の意味があり、apathyのa-もatheismのa-もそれが用いられているのです。どんな単語にでも付けられるわけではないですが、現在ではasexual「無性の」やatheoretical「理論に基づくものではない」のように必ずしもギリシャ語由来ではない語との組み合わせも見られます。

カタカナ語の知識は侮れない

ここまで単位や数字、学問の名称など少し硬めのものを中心に扱ってきましたが、日常で誰もが用いているカタカナ語にもそれなりに単語を覚えたり、知識の定着度を上げたりするためのヒントが隠れています。

たとえば、「モノレール」の「モノ」は「1」を意味するギリシャ語monoで、monarchy「君主制、王政」のmon-と同じである、とか、「ユニコーン」の「ユニ」は「1」を意味する ラテン語uniで、unilateral「一方的な」のuni-と同じである、と言われれば、多くの人が納得、理解できるでしょうし、これらの単語の意味を忘れそうになっても、uni-は「1」を意味するはずだからと、思い出すためのヒントが1つ増えることになるでしょう。

　もちろん、カタカナ語は原語の意味とは異なる形で日本語に定着しているものも多いため注意は必要ですが、有効なものを見極めれば強力な武器にもなります。

　日常に溢れるカタカナ語で、英語の語彙を増やすのに有効と思われるものを選択し、いくつか紹介しましょう。

アニバーサリー

　英語のanniversaryを語源とする「毎年の記念日」を意味する言葉ですね。「年の」を意味する接頭辞anni-はannual「一年の、年1回の」やbiannual「半年ごとの、一年に2回の」といった語の一部になっています。

アンティーク

　日本語では「古美術品、骨董品」という意味で用いられることが多いですが、英語のantiqueは「古くて価値のある、古風な」という意味の形容詞です。この語の一部

となっている ant-「前の」は覚えておくと非常に有効です。anticipate「予測する」や antecedent「先行の」といった基本語から、antebellum「南北戦争以前の」や antediluvian「大昔の」、antenatal「出産前の」といった難し目の単語まで多くに含まれる接頭辞です。

オムニバス

　複数の作品を集めて収録した書籍や芸術作品などを指すことが多く、大学の講義などについても様々な教員が講義回ごとに交代で話す形式のものを「オムニバス形式」と呼んだりします。「全て、全種類」を意味するラテン語の omnis に由来する言葉です。この omnis は science の説明で紹介した omniscient「全知の」や、あるいは omnipotent「全能の」、omnivorous「雑食の」といった語の接頭辞にもなっています。

　ちなみに、omnibus はかつてフランスで多くの人が乗り込む「乗合馬車」の呼び名でした。現在、私たちが慣れ親しんでいる交通機関の「バス」はこれが縮まったものです。

クロニクル

　「年代記」を意味する語として定着しています。英語のchronicle に基づくものですが、chrono-は「時間」を表すギリシャ語の言葉に由来し、chronic「長期にわたる、慢性の」や anachronism「時代錯誤」といった語の一部

ともなっています。

ジレンマ

　あえて別の言葉で言い換えるなら「板挟み状態」とでも言えるでしょうか。2つの両立しない事柄の間で悩んでいる時などに用いられます。英単語のdilemmaの接頭辞、di-は「2」を意味するギリシャ語の言葉で、dichotomy「二分法」のような単語にも用いられています。ちなみに、3つの選択肢で悩むような状況は3を表すtri-という接頭辞を用い、trilemma「トリレンマ」と言います。

ステンレス／ステンドグラス

　ステンレスは20世紀初頭に開発され実用化された腐食に対する耐性がある合金、stainless steelの略語です。stain「汚れ、しみ、さび、変色」がless「ない」ということから、こう呼ばれるようになりました。一方、stained glassは動詞stain「着色する」が元になっており、「色付けされたガラス」が文字通りの意味です。

デオドラント

　英語のdeodorantも日本語と同様に「防臭剤」を意味しますが、これはde-「下げる」とodor「臭い」の組み合わせに由来します。この成り立ちを覚えておけばodorの意味を忘れそうになった時に思い出すためのヒントとして使

えるでしょう。また、「悪」を意味する接頭辞mal-と組み合わせた、malodorous「悪臭のする」という形容詞の理解にも活かせます。

テンポ

「テンポがよい」などといった言い回しで使うものですが、「時間」を表すイタリア語、引いてはその大もとであるラテン語のtempusに由来しています。temporary「一時的な」やcontemporary「同時代の」とも関連があり、extemporaneous「即席の、即興の」といった語の一部にも見られます。

ポリバケツ

これ自体が「ポリエチレン製のバケツ」の略語です。英語のpolyethyleneはpoly-「多い」という接頭辞とethylene「エチレン」の組み合わせであり、複数のエチレンが重合した化合物であるため、こう呼ばれます。このpoly-はギリシャ語に由来する非常に重要な接頭辞で、すでに出てきたpolytheism「多神教」に加え、polyarchy「多頭支配」やpolyglot「多言語に通じている人」、polyamory「複数恋愛主義」といった語にも含まれています。

中級レベルの単語を活用する

　ここまで英語力を問わず誰もが知っているであろうカタカナ語を活用した語彙力増強のヒントを見てきましたが、読者の中には中級レベルの英単語はすでに知っているという人も多いかと思います。

　じつは中級レベルの単語にも難単語を覚えるのに活用できるパーツがかなり隠れていて、ただ語の意味を覚えるだけだともったいないと思われるものがたくさんあります。いくつか例を確認してみましょう。

Bible「聖書」

　これは英単語というよりはすでにカタカナ語のほうではないかと感じる人もひょっとしたらいるかもしれません。「本」を意味するbiblonに由来し、bibliography「著書目録、参考文献」や、bibliomania「蔵書癖（へき）」といった語との関連が見られます。

circumstance「事情、状況、環境」

　対応レベルが英検準2級以上となっており、多くの中級学習者がすでに知っている語ではないかと思います。この語の前半、circum-という接頭辞は「周囲」を意味するラテン語のcircumが語源。circumspect「用心深い」、circumvent「回避する」、circumlocution「回りくどい表現」といった一見難しそうに見える単語も「周囲に目を向けた」、

「周囲を行く」、「もって回った言葉」という文字通りの意味を理解していければ比較的楽に覚えられるでしょう。

equivalent「同等の、等価の」

　これはかなり「お得な単語」です。まず、前半のequi-はequalとも関連のある接頭辞で「同じ」を意味します。この知識はequinox「春分、秋分」（昼と夜の長さが同じ）やequivocal「曖昧な」（2つの見解の声が同じ）といった語を覚えるのに役立ちます。また、「価値の」を意味する後半の-valentもambivalent「相反する感情を持った」やbivalent「2価の」といった語に登場しています。

medieval「中世の」

　mediaやmediumなどとの連想からmedi-が「真ん中」を意味するのだろうということはわかる人が多いかもしれません。しかし、「時代」を意味する後半のevalも押さえておきたいところです。これを知っておくと、primeval「原始の」やcoeval「同時代の」といった語の定着度が変わってきます。

progress「前進、前進する」

　大学受験勉強ではほぼ確実に覚える単語だと思います。この単語の接頭辞pro-は「前に」を意味し、proceed「前進する」、proactive「前向きな」、prognosis「予知、予

測」といった多くの語で用いられています。また、後半の-gressはgradiというラテン語に由来し「歩く、踏み出す」を意味します。これも、regress「後戻りする」、digress「（話が）脇へそれる」、transgress「超える」と多くの語に見られる接辞です。

　prognosisやdigressのような語に出会って一瞬、「どういう意味だっけ？」となっても、progressとの関係を思い浮かべれば思い出せる確率も高まるのではないでしょうか。

チャレンジ問題で腕試し！

さて、ここまで本章では単位の名前や月名、学問の名称、カタカナ語、そして中級レベルの単語にいかに語彙力増強に役立つヒントが隠れているかを見てきました。

もちろん、ここで紹介したのはごくごく一部に過ぎませんが、日常に溢れている英単語のヒントを活用していくための参考にはなるのではないかと思います。

最初に言った通り、こういった知識は未知の語の意味を成り立ちから推測するためというよりは、忘れそうになった単語を思い出すためのヒントとしての意味合いが強いものです。とはいえ、未知語の推測に全く使えないわけではありません。

以下に5つの少し難しい単語を挙げました。本章で扱った内容をヒントにどういう意味か推測してみて下さい（なお、5番は応用問題なのでわからなくても大丈夫です）。

1. atypical
2. bibliophile
3. equidistant
4. omnipresent
5. monologophobia

1. atypical

否定の接頭辞a-がtypicalに付いたもので「異常な、アブノーマルな」を意味します。

2. bibliophile

「本」を表すbiblioと「愛する者」を表すphileの組み合わせ。「愛書家」。

3. equidistant

「同じ」を表す接頭辞、equi-がdistantに付いたもので「等距離の」。

4. omnipresent

omni-「全体の、全ての」とpresent「存在する、いる」を組み合わせて「偏在する、どこにでもいる」。

5. monologophobia

「1単語恐怖症」というのが文字通りの意味で、英語で文章を書く際に1つの文の中で同じ単語を複数回使うのを極端に嫌がることを表現するために、20世紀半ばにニューヨーク・タイムズ紙の編集者がmono-「1」とlogo「言語」とphobia「恐怖症」

を組みわせて作った造語です。-phobiaは-philia
「-愛好」と対になる接尾辞で、acrophobia「高所
恐怖症」やclaustrophobia「閉所恐怖症」などの
語に見られます。

独習のヒント

　本章では、big wordsと呼ばれる難単語に的を絞って、すでに持っている知識を活かしつつ語彙力を高めていく方法を解説してきました。

　本章のような覚え方が性に合うという方は洋書ならMary Cornog (2010) *Merriam Webster's Vocabulary Builder* (Merriam Webster Mass Market) (電子書籍あり)、和書なら北村一真・八島純 (2022)『知識と文脈で深める上級英単語 LOGOPHILIA』(アスク)などに取り組んでみることをおススメします。いずれも多くのbig wordsを扱っています。

　一方、当然ながら、序章で紹介したroach motelのような言葉はなかなか成り立ちだけで理解するのが難しいものです。こういう単語は実際に多くの英語に触れる中で吸収していくしかありません。生活関連の語は日常を扱った記事やニュースなどに登場します。日本の英字新聞であるThe Japan TimesやThe Japan Newsを購読したり、NHKの国際版であるNHK WORLD-JAPANを英語字幕を付けて視聴してみたりしてもよいでしょう。

　ピーター・バラカン氏が司会を務め、日本文化を世界に向けて英語で発信している番組Japanology Plusなどは日本の日常に関する言葉が英語でどのように表現されるかを知ることができます。

表3–3　本章で紹介したやや難度の高い語の一覧

NO.	英単語	品詞・意味	関連する語のNo.
1	anachronism	[名詞] 時代錯誤	22
2	antebellum	[形容詞] 南北戦争前の	3, 4
	後半のbellumはラテン語で「戦争」の意味。belligerent「好戦的な」やbellicose「けんか腰の」なども同じ語源。		
3	antediluvian	[形容詞] 太古の、大昔の	2, 4
	後半のdiluvianはThe Deluge「(旧約聖書に登場するノアが箱舟を作るきっかけとなった)洪水」に由来する。つまり、それよりも昔→大昔ということ。		
4	antenatal	[形容詞] 出産前の	2, 3
5	Anthropocene	[名詞] 人新世	6, 7, 40, 53
	人類が地球の地質や生態系に与えた影響に注目して提案されている、現代を含む地質学上の年代の区分。まだ公式名称とはなっていないが一般にも普及しつつある。		
6	anthropocentric	[形容詞] 人類中心の	5, 7, 40, 53
7	anthropomorphism	[名詞] 擬人化	5, 6, 40, 53
8	antipathy	[名詞] 反感	9, 51, 61
9	apathy	[名詞] 無関心	8, 11, 12, 13, 51, 61
10	apotheosis	[名詞] 神格化	11, 12, 43, 58
11	atheism	[名詞] 無神論	9, 10, 12, 13, 43, 58
12	atheoretical	[形容詞] 理論的でない	9, 11, 13
13	atypical	[形容詞] 普通でない	9, 11, 12

14	biannual	[形容詞] 年2回の	15, 19
15	biathlon	[名詞] 二種競技	14, 19, 27
16	bibliography	[名詞] 著書目録、参考文献	17, 18
17	bibliomania	[名詞] 蔵書癖	16, 18
18	bibliophile	[名詞] 愛書家	16, 17, 52, 53, 54
19	bivalent	[形容詞] 2価の	14, 15
20	centenarian	[名詞] 100歳の人	21
21	centipede	[名詞] ムカデ	20, 39
22	chronic	[形容詞] 長期にわたる、慢性の	1
23	circumlocution	[名詞] 回りくどい表現	24, 25
	後半のlocutionは「話す」を意味するラテン語loquiに由来する。interlocutor「話し相手」やgrandiloquence「大言壮語」などにも含まれている。		
24	circumspect	[形容詞] 用心深い	23, 25
	後半のspectはラテン語のspecere「見る」が語源。spectacle「光景」やinspection「視察」にも含まれている。		
25	circumvent	[動詞] 迂回する、回避する	23, 24
26	coeval	[形容詞] 同時代の	59
27	decathlon	[名詞] 十種競技	15, 28
28	decimate	[動詞] 大量に殺す	27
29	dichotomy	[名詞] 二分法	—
30	digress	[動詞] (話が) 脇へそれる	62, 65
31	enamored	[形容詞] 夢中になった、虜になった	55

32	equidistant	[形容詞] 等距離の	33, 34
33	equinox	[名詞] 春分	32, 34
	後半の nox は「夜」を意味する。形容詞の nocturnal「夜の、夜に関する」も同語源。		
34	equivocal	[形容詞] あいまいな、どちらにも取れる	32, 33
35	extemporaneous	[形容詞] 即興の、その場での	—
36	geocentric	[形容詞] 天動説の	37
37	heliocentric	[形容詞] 地動説の	36
38	malodorous	[形容詞] 悪臭のする	46
	mal- は「悪の」を意味する接頭辞。malign「悪意のある」や malignant「悪性の」は対になる benign「善意の」や benignant「良性の」とともにおさえておきたい。		
39	millipede	[名詞] ヤスデ	21
40	misanthrope	[名詞] 人間嫌い	5, 6, 7, 53
	「…嫌い」を意味する mis- はこの語以外にも misogyny「女嫌い」や misandry「男嫌い」などの語でよく用いられる。		
41	monarchy	[名詞] 君主制、王政	42, 43
42	monologophobia	[名詞] 1つの単語を繰り返し使うのを極端に嫌うこと	41, 43
43	monotheism	[名詞] 一神教	11, 41, 42, 58
44	nonagenarian	[名詞] 90代の人	20, 45, 63
45	octogenarian	[名詞] 80代の人	20, 44, 63
46	odor	[名詞] 臭い	38
47	omnipotent	[形容詞] 全能の	48, 49, 50
48	omnipresent	[形容詞] 偏在する、いたるところにいる	47, 49, 50

49	omniscient	[形容詞] 全知の	47, 48, 50
50	omnivorous	[形容詞] 雑食の	47, 48, 49
51	pathogen	[名詞] 病原体	8, 9, 61
52	pedophilia	[名詞] 小児性愛	18, 53, 54
53	philanthropy	[名詞] 博愛、慈善	5, 6, 7, 18, 40, 52, 54
54	philharmonic	[形容詞] 音楽愛好の	18, 52, 53
55	polyamory	[名詞] 複数恋愛主義	31, 56, 57, 58
56	polyarchy	[名詞] 多頭支配	55, 57, 58
57	polyglot	[名詞] 多言語に通じる人	55, 56, 58
58	polytheism	[名詞] 多神教	11, 43, 55, 56, 57
59	primeval	[形容詞] 原始の	26
60	prognosis	[名詞] 予知、予測	—
61	psychopath	[名詞] サイコパス	8, 9, 51
62	regress	[動詞] 後戻りする、後退する	30, 65
63	septuagenarian	[名詞] 70代の人	20, 44, 45
64	sophism	[名詞] 詭弁	—
65	transgress	[動詞] 超える	30, 62
66	trilemma	[名詞] トリレンマ、3つのうち2つしか選択できない状況	—
67	unilateral	[形容詞] 一方的な	—
	これに対し、「双方向の」を意味する語は、uni-「1」の部分をbi-「2」に変えてbilateralと言う。		

第 4 章

本当の意味で「わかる」ために必要なこと

理解できないのには理由がある

　第3章までは英語を読む際の語学上の難しさについて扱ってきましたが、言葉を理解する上で重要になるのは語学的な知識やスキルだけではありません。その言葉を使っている人々が暮らす文化や社会に対する一定の理解が求められます。

　たとえば、日本で教育を受けた日本語母語話者が「吾輩は○○である。名前はまだない」という文字列を見たとすると、言葉上の意味に加えて、下敷きとなっている表現やその引用元、また、それを著した近代日本の文豪のイメージといったものが一気に浮かんでくるはずです。一方、日本語の語彙と文法を学んだだけの海外の日本語学習者が、同じようなことをイメージするのは難しいのではないでしょうか。

　また、日常の情報収集や会話の中で「永田町の動き」や「今年のセンバツ」といった語句が出てきた時、日本で長年暮らしている人であれば、それぞれ「日本の政界の動向」、「春の甲子園・高校野球」を指すことがわかると思いますが、海外で日本語を学んでいる人にとってこういった言葉が指しているものを実感とともに理解するのはかなりハードルが高いと思われます。

　これらの文や語句は日本の文化的、社会的背景を前提とした言葉であり、本当の意味で「わかる」ためには言葉の知識だけではなく、その背景そのものにある程度慣れ親

しんでいることが必要になるからです。

　当然、これは日本語に限ったことではありません。どの言語であっても、それを形作ってきた文化や宗教、社会や歴史というものが存在し、それらと関わりの深い言い回しや言葉が日常的に用いられています。

　英語に関して言うならば、たとえば、キリスト教や聖書に関連する表現や語句、あるいは、世界史上、最大の詩人の1人と言ってもよいシェイクスピアの作品に由来する言葉は現代の文章の中にも溢れています。

　特に英語文化では引用の習慣が発達しており、基盤となっている古今の作品からの引用が頻繁に行われる傾向があるため、そういったソースに慣れ親しんでいるか否かで文章の理解に差が出ることも少なくありません。

　本章では、英語文化の中で書かれた文章を読む上でポイントになる、背景の文脈に富んだ言葉や言い回しを「聖書」「シェイクスピア」「現代の語句・イディオム」という3つの分野に分けて扱います。

　とは言っても、これらは1つ1つがそれ自体で一冊の本のテーマになりうるようなものですので、ここでは包括的に取り上げるというよりはむしろ、時事英文や娯楽作品などにおける実例を確認しつつ、いかに様々なところにそれらの影響が見られるかを紹介していく形を採りたいと思います。

聖書の言葉は近現代英語の根幹

　英語において聖書の言葉は政治家の演説から娯楽作品のタイトルに至るまであらゆるところに溢れています。

　世界で最も権威のある英語辞書と言ってもよい『オックスフォード英語辞典』（原題は *Oxford English Dictionary* で、しばしばOEDと略される）に最も多く引用されている例文はジェイムズ王による欽定訳聖書を始めとする英語聖書からであり、聖書の言葉は近現代の英語の根幹にあるものの1つと言ってよさそうです。

　政治家の演説で言うと、特にアメリカの大統領の就任演説と聖書の関係は有名で、最近の数名のアメリカ大統領の就任演説を見ても、必ずと言ってよいほど聖書の言葉が引用されています。

　実際、バイデン大統領の演説が間近に迫った時期にアメリカの大手新聞社のウォール・ストリート・ジャーナルは関連記事の中で「大統領の就任演説の内容は予想しにくいものだが、聖書に触れるのはほぼ間違いないだろう」と述べていたくらいです。実例を見てみましょう。

1. オバマ大統領の2009年の就任演説（コリント人への第一の手紙）

   But in the words of Scripture, the time has come to set aside childish things.

訳例 しかし、聖書の言葉を借りるならば、子供じみたことを捨て去る時がきたのです。

2. トランプ大統領の2017年の就任演説（詩篇）

The Bible tells us, "How good and pleasant it is when God's people live together in unity."

訳例 聖書は伝えています。「神の民が団結して生きていくことがいかに素晴らしいことか」と。

3. バイデン大統領の2021年の就任演説（詩篇）

I promise you this: as the Bible says weeping may endure for a night but joy cometh in the morning.

訳例 聖書にもあるように、「夜の間、涙を流すとしても、朝には喜びがやってくる」のです。

　この3人の大統領のうち、オバマ氏とバイデン氏は共に民主党で盟友でもある一方、トランプ氏は共和党で、特にオバマ氏とは真っ向から対立している人物です。考え方や立場を超えて聖書の引用がなされるのが慣例であることが読み取れると思います。

　2017年にトランプ氏が上の演説を行った際にはキリスト

教のみの聖典である新約聖書ではなく旧約聖書からの引用だったことが注目されましたが、バイデン氏の演説でも引用されたのは旧約聖書でした。

そもそもこの旧約聖書、新約聖書がどう違うのか、ということも日本で生活している人からするとあまりピンとこないかもしれません。旧約聖書とはヘブライ語で書かれたユダヤ教とキリスト教の共通の聖典であり、内容的にはイエス・キリストが生まれる前の話となっています。一方、新約聖書は後からキリストの教えに従う者たちによってまとめられ、イエスの誕生以降を描いたもので、原語もギリシャ語です。

ユダヤ教徒から見れば、聖書は旧約聖書のみであり、そもそも「旧約」「新約」という言い方もキリスト教徒の視点で名づけられたものに過ぎません。こういった点から、キリスト教徒のみの聖典である新約聖書ではなく、ユダヤ教と共有する旧約聖書を引用することの背景には、ユダヤ教との連帯を示そうとする意図があると指摘する声もあります。

演説からビデオメッセージ、新聞記事まで

上でも述べた通り、特にアメリカ大統領の就任演説は聖書からの引用がなされることで知られていますが、演説や講演で聖書に触れるのはアメリカの政治家の専売特許というわけではありません。

たとえば、イギリスのボリス・ジョンソン首相（当時）は

2021年のクリスマスの際に国民に向けて公開したビデオメッセージで、新型コロナウイルスのワクチン接種が自分自身のためだけでなく周囲の人のためでもあるということを伝えた上で、次のように言っています。

4. ジョンソン首相のクリスマスのメッセージ（マタイの福音書）

And that, after all, is the teaching of Jesus Christ, whose birth is at the heart of this enormous festival — that we should love our neighbours as we love ourselves.

訳例 そして、思い出していただきたいのですが、それこそが、この大きなお祭りで生誕を祝っているイエス・キリストその人の教え、あなた自身を愛するがごとく、あなたの隣人を愛せ、ということなのです。

ここで「イエス・キリストの教え」として引用されているのはマタイの福音書に登場する非常に有名な言い回しで、元になっているLove Thy Neighbor「汝の隣人を愛せ」という言葉は英語版のWikipediaに個別のページが設けられているほどです。

さらに、演説以外の例も挙げてみましょう。2021年の3

月、友人の家から帰宅途中だったサラ・エヴァラードさんが
誘拐、殺害されるという凄惨な事件がイギリスで起きまし
た。この事件について女性ジャーナリストが書いたガーデ
ィアン紙の記事の抜粋です。

5. There but for the grace of God.（コリント人への第
   一の手紙）

   When she went missing, any woman who has
   ever walked home alone at night felt that grim,
   instinctive sense of recognition. Footsteps on a
   dark street. Keys gripped between your fingers.
   There but for the grace of God.

   — *The Guardian*, March 11, 2021
   "This week has shown us how far feminism still has to go"

   訳 例 彼女が行方不明になった時、夜道を一人
   で歩いて帰ったことのある女性なら誰でも、とっさ
   にどういう状況だったかがイメージできて暗い気分
   になった。暗い道に鳴る足音。ギュッと握りしめた
   鍵。運が悪ければ自分もそうなっていたかも。

　下線部はかなり特殊な形になっていますね。副詞の
thereの後、but for...「…がなければ」という前置詞句
が続いていますが、そこで文が終わっており、主語や動
詞が見当たりません。

じつはこの下線部はThere but for the grace of God go I. 「神のご加護がなければ私もそうなっていたかも」という言い回しが下敷きになっています。文頭に副詞thereが出て、主語と動詞の語順が転倒した形（There）... go（V）I（S）で、骨格としては「そこに私もいく」→「私もそういう状況になる」という意味を表します。

　ただし、この例のように主語と動詞に相当するgo Iの部分が省略され、There but for the grace of GodやThere but for fortuneだけで「運が悪ければ自分もそうなっていた」という趣旨の意味を表現することもあるため、注意が必要です。

　この言い回しは、新約聖書のコリント人への第一の手紙に出てくる使徒パウロの言葉 "But by the grace of God I am what I am" 「しかし、神の恵みによって、今の私がある」という言葉をもじったものとされており、やはり、聖書やそれに関連する表現の知識が共通の前提となっていることがわかります。

　以上、見てきたように聖書に由来する言葉というのはほぼ慣用句のようになっているものも多く、難解な文章に限らず娯楽作品や時事的な文章にも一定の頻度で登場します。

　ここからは近年の英文記事の例を紹介しながら、日常で出会うことの多い聖書由来の言い回しを確認していきたいと思います。まずは旧約聖書やそれに関連する言葉が登場する例からです。

6. a fig leaf（創世記）

"I believe that Swiss banking secrecy laws are immoral," it said. "The pretext of protecting financial privacy is merely <u>a fig leaf</u> covering the shameful role of Swiss banks as collaborators of tax evaders."

— *Voice of America*, February 20, 2022
"Leak Gives Details on Over 30,000 Credit
Suisse Bank Clients"

訳 例 「私は、スイスの銀行機密保護法は不道徳だと考える。金融のプライバシーを守るという口実は、脱税者の協力者としてのスイスの銀行の恥ずべき役割を覆い隠すイチジクの葉にすぎない」と文書にはあった。

解 説 創世記に登場する最初の人間、アダムとイブに関する表現です。2人が神から食べてはならないと言われた善悪の知識の実を蛇にそそのかされて食べてしまい、羞恥心に目覚めて a fig leaf「イチジクの葉」で腰を覆ったという創世記の内容から、a fig leaf「イチジクの葉」は「不正や体裁の悪いものを隠すための（不格好な）手段」という意味で用いられます。例文はスイスの大手銀行クレディ・スイ

スの口座情報をリークした告発者の言葉の引用であ
り、銀行の言う守秘義務をこの表現を使って揶揄し
ています。

7. antediluvian（創世記）

The people cry out in bewilderment, fear and an-
ger at the monster; only a select few understand
the relationship between the original bombs and
the appearance of this antediluvian force.

—*The Conversation*, September 20, 2015
"Godzilla – a tale of the times"

訳例 人々はこの怪物に当惑し、恐れと怒りの中
で泣き叫ぶ。ごくわずかの人々だけが原爆とこの超
古代獣の出現の関係を理解している。

解説 antediluvianという1つの単語ですが、第
3章の表3-3でも触れた通り創世記の「ノアの方舟」
の話と深く関係しています。神が人々の堕落を憂
い、大洪水を引き起こして人類を滅ぼそうとする一
方、「正しい人」であったノアとその一家だけは助
けるために方舟の建設を命じるという物語です。
antediluvianのante-は「前の」を表す接頭辞、
diluvianはthe Deluge「ノアの大洪水」の形容詞
形で、この単語は字義通りには「ノアの洪水よりも

前の」を意味しますが、そこから、「超古代の、時代遅れの」という内容をおどけて表現する場合にも使われるようになっています。例文は記事の中で1954年の映画「ゴジラ」の説明をしている箇所の抜粋であり、古代生物の末裔とされる怪獣ゴジラをantediluvian forceという言葉で表現しています。

8. ten commandments（出エジプト記）
Chakwera announced what he called 'ten commandments' which would help in preventing and cure the disease.

— *Voice of America*, June 22, 2021
"Malawi Launches Campaign
to Eradicate Malaria By 2030"

訳例 チャクウェラ氏は、この病気の予防と治療に役立つ、彼が「十戒」と呼ぶルールを発表した。

解説 出エジプト記に登場するモーセがエジプト出発の後に神から授かった教えである「十戒」を表す言葉で、厳格なルールの比喩としてもよく用いられます。出エジプトの話は「プリンス・オブ・エジプト」などの映画でも取り上げられており、聖書に由来する物語の中でも知名度が高いと言えるでしょう。上の例文ではマラウイ共和国大統領のチャクウ

ェラ氏がマラリア排除のために守るべきルールを
「十戒」の名で呼んでいます。なお、十戒はDec-
alogueと呼ばれることもありますが、本書の第3章
を読んだ方であれば納得できる名称ではないでしょ
うか。

9. David and Goliath（サムエル記）

"It's <u>David versus Goliath</u>," said Senator Jim
Risch, the top Republican on the Foreign Rela-
tions Committee, noting the much larger size of
Russia's military.

—*Voice of America*, March 1, 2022
"Heavy Shelling Hits Kharkiv on 6th Day
of Russian Invasion of Ukraine"

訳例 「まるでダビデとゴリアテの闘いだ」と言っ
て、上院外交委員会の共和党筆頭ジム・リッシュは
ロシアの軍隊が圧倒的に規模が大きいことを指摘し
た。

解説 サムエル記に登場するダビデとゴリアテの
一騎討ちの物語が下敷きになっている表現です。イ
スラエル人とペリシテ人との闘いの中でペリシテ人
側から巨人のゴリアテが出てきてお互い一騎討ちで
決着をつけようではないかという挑発がなされます。

これに応じた羊飼いの少年ダビデが投石器を駆使してゴリアテを倒すという物語から、弱者と強者の闘いや、弱者が強者を打ち負かすことのたとえとして用いられます。

10. a fly in the ointment（コヘレトの言葉）

There's a fly in the ointment of solar-powered LED lighting

—*The Conversation*, November 9, 2015
"There's a fly in the ointment of
solar-powered LED lighting"

訳例 太陽光発電によるLED照明のムシできない弱点

解説 コヘレトの言葉に登場する「ハエの死骸が香油を臭くしてしまうように、少しの愚行が知恵や名誉を台無しにする」という一節から、全体としては優れているものを台無しにしてしまう欠点、という意味で用いられます。例文は、太陽光発電によるLED照明の欠点が、光に寄ってくる「ハエ」などの虫であることをほのめかす言葉遊びになっています。

11. a lion's den（ダニエル書）

U.S. President Donald Trump will be entering something of a lion's den when he visits the elitist enclave of Davos next week, rubbing shoulders with the same "globalists" that he campaigned against in winning the 2016 election.

— *Reuters*, January 20, 2018
"Trump to tout U.S. economy,
urge fair trade at elite Davos forum"

訳例 ドナルド・トランプ米大統領は来週ちょっとした虎穴に入ることになる。エリート主義の飛び地であるダボスを訪れ、2016年の選挙に勝つために争った相手である「グローバリスト」と肩を並べることになるのだ。

解説 ダニエル書に登場する有名な「獅子の穴のダニエル」の話に由来し、「非常に不利な場所、敵意に満ちた場所」を表現する言い回しです。上の例文ではアメリカファーストを宣言していた当時のトランプ大統領が、グローバリストの会合であるダボス会議に出席することをこの言葉で表現しています。

　続いて新約聖書由来で、よく用いられる語句や言い回しなどを見てみましょう。

12. turn the other cheek（マタイによる福音書）

Joe Biden no longer plans to <u>turn the other cheek</u>.

—*Voice of America*, July 25, 2019
"Ready to Fight: Biden Leans into
Racial Debate With Democrats"

訳例 ジョー・バイデンはもうやられっぱなしじゃ
ない。

解説 マタイによる福音書に出てくるイエスの言葉
「だれかがあなたの右の頬を打つなら、もう一方の
頬も向けなさい」の後半部分に由来する頻出の表
現で、相手の暴力や不当な行為を甘んじて受け入
れる、それに対してやり返さない、という意味にな
ります。例文は2020年のアメリカ大統領選挙に向
けて民主党の党内候補者を決める予備選挙で、候
補者の1人だったバイデン氏が反撃に出始めている
ということを表現しています。

13. a wolf in sheep's clothing（マタイによる福音書）

But what if a female student is not exceptionally
intelligent? What if she is only ordinarily smart?
Or, even more troubling, what if she does not be-

lieve that she is smart at all? In her mind, she becomes a sheep in wolf's clothing, an impostor who has tricked those around her into accepting her into a group where she does not belong.

—*The Conversation*, October 5, 2015
"What fewer women in STEM means
for their mental health"

訳例 しかし、(理系分野にいる)女子学生が飛びぬけて高い知能の持ち主でなければどうなるか。標準的に賢いだけなら。あるいはもっと厄介なことに、自分が賢いとは全く思っていなかったら。自分は狼の皮をかぶった羊で、周囲の人間を騙して自分にふさわしくない場所に入り込んだ詐欺師だと思うようになる。

解説 a wolf in sheep's clothingというのはマタイによる福音書のイエスの言葉、「にせ預言者たちに気をつけよ。羊のなりをしてやって来るが、中身は貪欲な狼だ」に由来する慣用句で日本語の「羊の皮をかぶった狼」という言い回しも同語源です。ただし、この例文ではそれを逆転させてa sheep in wolf's clothing「狼の皮をかぶった羊」とすることで、自分を偽って実際よりも強く見せている状態を表現しています。

14. doubting Thomas (ヨハネによる福音書)

And, for the scientific applications at least, the general protocol is that both the "raw and smoothed" — to remove confounding outliers — datasets must be put online where they are open access for any <u>doubting Thomas</u> to analyse.

— *The Conversation*, May 25, 2016
"Living with complexity: evolution, ecology, viruses and climate change"

訳例 そして、少なくとも科学的な応用には、「生の」データと「平滑化された」（混乱をもたらす外れ値を除去するため）データの両方をオンラインでオープンアクセスにして公開し、疑い深い人が分析できるようにしなければならないというのが一般的な手順である。

解説 ヨハネによる福音書に登場するイエスの弟子トマスにまつわる言い回しです。十字架への 磔 _{はりつけ} の刑に処されたイエスが死者の中から復活するのはキリスト教の教えの中でも非常に重要な信仰の一部ですが、使徒の1人であったトマスが他の使徒から復活の話を聞かされても直接確かめるまでは信じないと疑ったことから、doubting Thomasを「極めて疑い深い人、懐疑的な人」という意味で用います。

15. scales fall from eyes（使徒言行録）

"But once people come here, <u>scales fall from their eyes</u>. They see all of the new buildings going up, they see so many developments going on."

— *Voice of America*, May 9, 2017
"Cambodian Business Hopes to Change
Attitudes With World Economic Forum"

訳 例 「けれど、ひとたびここにくれば、目から鱗が落ちます。あらゆる新しい建物が建設され、多くの開発が進んでいるのを目にします」

解 説 使徒言行録に登場するサウロの回心のシーンに由来する表現です。キリスト教を迫害していたサウロが失明した後、アナニアというイエスの使いに会って、「目から鱗が落ちたように」再び見えるようになったという記述に基づいています。例文はカンボジアで活躍したアメリカ人、ブレット・スキアローニ氏の言葉で、カンボジアに対し古いイメージを持っている人も、ひとたびカンボジアに来ると考えを改めるということをこの言い回しを使って表現しています。

16. powers that be（ローマ信徒への手紙）

"The raids, particularly at Same Sky Books and

Magazine, demonstrate how police and even the court induce the climate of fears. The laws seem to bend and (be) used as a tool of <u>the powers that be</u>," Pravit told VOA.

—*Voice of America*, January 25, 2022
"Laws, Police Visits Create
'Climate of Fear' for Thai Media"

訳例「特にSame Sky Books and Magazineでのこれらの強制捜査は警察そして裁判所すらもが恐怖の空気を作ろうとしていることを証明しています。法律が曲げられ、権力者の手段として使われているように思えます」とプラウィット氏はVOA（アメリカの国営放送）に話した。

解説 ローマ信徒への手紙の13章の1節に登場する「存在する権威は全て神によって定められたもの」という言葉に由来し、「時の権力者、上位者」を意味します。beは「存在する」という完全自動詞の用法ですが、areではなくbeとなっているのは、be動詞の3人称複数現在形がbeだった古い時代の英語の名残です。例文はタイでの政府による報道機関への圧力を扱った記事からの抜粋で、圧力をかける権力者側がこの言葉で表現されています。

ここまで、聖書を起源とする表現を具体例を中心に確認してきましたが、引用したのはほとんどが2015年以降の英文記事であり、これらの表現が現代英語においても引き続き用いられていて、日常の一部となっていることが見て取れますね。それでは、次はシェイクスピア由来の言葉に目を向けてみましょう。

古典は日常の中に生き残っている

　聖書と並んで英語に大きな影響を与えているのがシェイクスピアです。

　2022年にウクライナのゼレンスキー大統領が英国議会に向けて行った演説で『ハムレット』の有名なセリフである、"To be, or not to be, that is the question." という言葉を引用して話題を呼びました。こういった演説が心に響くものとして注目されるのも、シェイクスピアの存在の大きさを示していると言えるでしょう。

　シェイクスピアは16 〜 17世紀の詩人・劇作家ですので、その影響はすでに古典的と言ってよい作品のタイトルなどにも見られます。たとえば、19世紀のアメリカの作家ナサニエル・ホーソーンの短編集 *Twice-Told Tales*（『二度語られたものがたり』）や20世紀のイギリスの小説家オルダス・ハックスリーのディストピア小説 *Brave New World*（『すばらしい新世界』）、さらには1990年代にハリウッドで映画化もされたアメリカのSF作家リチャード・マシスンの *What Dreams*

May Come（『奇蹟の輝き』）などはいずれもシェイクスピアの言葉に由来するものです。

同時にシェイクスピアの言葉は現代英語の日常の中でも諺や格言のような形で生き残っています。中には、あまりにもありふれた表現になっているために、言われなければシェイクスピア由来だと気づかないようなものもあります。

たとえば、次の英文は2019年に出版した拙著『英文解体新書』（研究社）の第1章の最初の例文ですが、これを見て、どこがシェイクスピアと関連しているかわかる人はどれくらいいるでしょうか。

1. In fact, the woman sitting there and staring intently at the photo taken by Sam when he attended the festival has not budged an inch since I came here.

—『英文解体新書』

訳例 じつは、そこに座ってサムがお祭りで撮った写真をじっと見つめている女性は、私が来てから微動だにしていないのです。

答えは述語動詞の not budge an inch「ビクとも動かない、少しも譲らない」です。これは戯曲の『じゃじゃ馬ならし』に登場するフレーズで、シェイクスピアがこの言い回

しを生み出したというわけではないようですが(本章のはじめでも触れたOEDにはBouge not a footeというこれとよく似た表現がシェイクスピアよりも先輩のロバート・グリーンの作品から引用されています)、少なくとも世に広めたことは間違いありません。

このように、シェイクスピアに由来する、あるいは少なくとも彼の影響で広まった言い回しの多くが、現代でも日常会話や時事英文、エッセイ、文学作品などで頻繁に目にするものとなっており、その代表的なものについて知っているだけでも英語を読む際の発見や楽しみが増えることは確実です。

シェイクスピアの影響が見られる表現・言い回し

以下では、先の聖書と同様に、時事英文や日常によく見られるシェイクスピアの影響について、具体例を中心に紹介していきます。

2. a foregone conclusion（『オセロー』）

But analysts and allies of the president have warned the result is far from a foregone conclusion, with polls indicating that more than 10 percent of French people who intend to cast their ballots have yet to decide who to vote for.

—*Associated Press*, April 21, 2022

訳例 しかし、アナリストや大統領の盟友たちは、投票する意志のあるフランス人の10%以上がまだ誰に投票するか決めていないという世論調査もあり、結果はわかり切っているとは到底言えないと警告している。

解説 オセローの妻が部下と密通しているという作り話に対して、…this denoted a foregone conclusion「それは疑いの余地がないことだ」と返したオセロー自身のセリフから。「わかり切ったこと、確実なこと」を意味する語句として用いられます。例文は2022年のフランス大統領選挙の直前の記事からの抜粋で、選挙の結果が far from a foregone conclusion「わかり切っているとは到底言えない」と表現しています。

3. A rose by any other name would smell as sweet
（『ロミオとジュリエット』）

"A rose by any other name is a rose," he said. "For many, it creates a visceral impact."

—*Associated Press*, December 4, 2022
"Asian Faiths Try to Save Sacred Swastika

訳例 「バラは他のどんな名前で呼んでもバラだ。多くの人はそれに条件反射的に反応してしまう」と彼は語った。

解説 『ロミオとジュリエット』の有名なバルコニーシーンに出てくるジュリエットの独白のセリフに由来します。厳密には That which we call a rose by any other name would smell as sweet. 「私たちが薔薇と呼ぶものは他のどんな名前で呼んでもその甘い香りが変わるわけではない」という文ですが、A rose by any other name... という省略形で用いられることも。

物の本質は名前とは無関係である、というセリフの趣旨を生かして、名前や看板を変えるだけでは意味がないというニュアンスのタイトルやキャッチフレーズによく使用されます。

例文は卍を吉祥の印とするヒンドゥー教の人々と、ナチスのハーケンクロイツを彷彿させる不吉なものとする西洋の人々の意見の相違を扱った記事からの抜粋で、このテーマについての著作もあるスティーブン・ヘラー氏が、どんな名前で呼ぼうとこのマークはこのマークだという趣旨のことを表現したものに

なっています。

4. a sea change （『テンペスト』）

The former British colony Hong Kong experienced a sea change with the implementation of the National Security Law in 2020 that many Taiwanese say is too close to home.

—*Voice of America*, December 21, 2021
"What Will Taiwan Do If China Invades?"

訳例 かつてイギリスの植民地であった香港は、2020年に国家安全法が施行され、大きな変化を経験したが、多くの台湾の人びとがこれをあまりにも近い場所で起きていることと言っている。

解説 『テンペスト』に登場する空気の妖精エアリエルのセリフから。「海による変貌」が文字通りの意味ですが、社会や状況などの「著しい変化」を表す言葉として非常によく用いられます。例文では2020年に香港に走った激震をこの言葉で表現しています。

5. a wild-goose chase （『ロミオとジュリエット』）

Granted, it's probably apt to describe those searches as wild goose chases, but we must also acknowledge that genuine species — often quite sizeable ones — have been discovered.

—The Conversation, April 23, 2017
"Bigfoot, the Kraken and night parrots:
searching for the mythical or mysterious"

訳 例 たしかに、こういった探求はおそらくは無駄な探求だと言うべきだろうが、純血種が、しかも、しばしばかなり大きいものが、発見されてきたことも認めなければならない。

解 説 これもシェイクスピアの生み出した語句かどうかは判定しにくいですが、ロミオの友人マキューシオがロミオに対して言ったセリフの一部として有名です。その際には、「巧みな言葉、冗談の掛け合い」くらいの意味でしたが、現在では「無駄な追求、骨折り損」という意味で用いるのが一般的で、上の例でも伝説的に存在すると信じられている生物の探求について「実りのないこと」というニュアンスを込めて使用しています。

6. come full circle（『リア王』）

In fact, the virus has <u>come full circle</u>. Ryan notes the disease has moved from Butembo and other urban areas to the remote, rural town of Mangina, the epicenter of the outbreak.

—*Voice of America*, October 10, 2019
"Ebola Virus in DR Congo Significantly Contained,
But Remains Dangerous"

訳 例 実際、ウイルスは一周して戻ってきたのだ。ライアン(当時、WHOで緊急事態対応を統括していた人物)は、この病気がブテンボや他の都市部から、流行の震源地である人里離れた田舎町のマンギナへと移動してきたと指摘する。

解 説 伯爵の私生児としての身分から謀略を企て、嫡子のエドガーの地位をのっとろうとしたエドマンドですが、結局、エドガーとの決闘に敗れ、致命傷を負います。そこでエドマンドが発したThe wheel is come full circle.「運命の歯車は一巡して戻ってきた」というセリフに由来します。例文では2018年にコンゴで発生したエボラ出血熱の流行が発生源の土地に戻ってきたということを表現するのに用いられています。

7. It is Greek to me (『ジュリアス・シーザー』)

"Dad explained how his computer was expected to perform, but the language of computer science in those days was like Greek to me," Steven

Spielberg told the General Electric publication
GE Reports.

—*Voice of America*, August 26, 2020
"Computer Pioneer Arnold Spielberg,
Steven's Dad, Dies at 103"

訳例 「父はコンピュータに期待される性能を説明してくれたが、当時のコンピュータサイエンスの言葉は私にとってはチンプンカンプンだった」とスティーブン・スピルバーグはゼネラル・エレクトリック社の出版物『GEレポート』に語っている。

解説 『ジュリアス・シーザー』に登場するキャスカのセリフと関連します。キャスカはギリシャ語の意味を問われて、it was Greek to me「それは私にとってはギリシャ語だった」と言っているのですが、もともと「ギリシャ語」を「意味のわからないもの」という意味で使う習慣がなければ、このセリフはちょっと理解しづらいですね。例文はハリウッドの映画監督スティーブン・スピルバーグの父であるアーノルド・スピルバーグの死亡記事で、スピルバーグ監督が語った「父の説明の言葉がチンプンカンプンだった」という発言が引用されています。

8. (shuffle off) this mortal coil (『ハムレット』)

And so while Chappie runs over familiar concerns of AI's impact on humanity, its robot human-likeness raises moral concerns as to the worth of existence, consciousness and dignity beyond our <u>mortal coils</u>.

—*The Conversation*, March 10, 2015
"Chappie suggests it's time to think
about the rights of robots"

訳例 「チャッピー」は、AIが人類に与える影響というお馴染みの懸念を扱う一方で、そのロボットの人間らしい振る舞いは、私たちの肉体を超えたところにある、存在や意識、尊厳といったものの価値についての道徳的な問題を提起している。

解説 『ハムレット』の独白に登場するwhen we shuffled off this mortal coil「この世の 煩 いを捨てた時には」という言い回しに由来しています。shuffle off this mortal coilで「死ぬ」を表すこともありますが、mortal coil単独でも「現世のしがらみ、俗世の悩み、肉体」などという意味で、よく用いられます。上の例文は2015年のSF映画『チャッピー』を題材にした記事からの抜粋で、あまりにも人間らしいロボットが提起する、ロボットの権利の問題について論じています。

9. Something wicked this way comes.（『マクベス』）

解説 『マクベス』に登場する魔女の「何か邪悪なものがこちらにやってくる」というセリフです。かつて、インターネット上の百科事典Wikipediaがまだそれほど世の中に知られていなかった頃、The Japan Times紙のWikipediaを扱った記事に"Something wiki this way comes."というタイトルが付いていたことがありますが、もちろん、この『マクベス』のセリフをもじったものですね。元のセリフを知らないとなぜこんなタイトルなのかと困惑してしまうかもしれません。

10. To be or not to be, that is the question.（『ハムレット』）

To bathe or not to bathe（often）. That is the question

—*CNN*, May 14, 2022
"To bathe or not to bathe (often). That is the question"

訳例 （頻繁に）入浴すべきか、否か、それが問題だ。

解説 シェイクスピアの言葉の中でもおそらくは最も有名な、ハムレットの独白に由来するセリフです。

生きることに苦しむ中でハムレットが発している言葉ですが、このbeをどう訳すべきかというのは数々の専門家や翻訳者を悩ませ、「世に在る、世に在らぬ」(坪内逍遥訳)から「このままでいいのか、いけないのか」(小田島雄志訳)まで様々な翻訳を生み出したことでも知られています。上の例は毎日の入浴の習慣が本当に衛生によいことなのかについて扱ったCNNの記事のタイトルですが、このようにbeの部分の動詞を入れ替えて言葉遊び的に用いられることの多い言い回しでもあります。

歴史や社会現象に対する感性をみがこう

さて、聖書とシェイクスピア由来の言葉を実例とともに確認してきましたが、伝統的な宗教の教えや文学作品に由来するものではないものの、重要文献や世界史上の事件、社会現象、あるいは著名人の発言など、様々なきっかけを通じて人口に膾炙し、常識となっている知識や表現といったものも存在します。

ここでは、そのうち、時事英文や演説などでよく見られる表現を、実例を確認しながら紹介したいと思います。

1. All ... are created equal. 「全ての…は生まれながらにして平等である」

   Not <u>all</u> masks <u>are created equal.</u>

—Bernie Sanders Tweet (2022)

訳例 全てのマスクが生まれながらに平等ではない。

解説 アメリカ独立宣言の中の最も有名なフレーズであるall men are created equal「人間は生まれながらにして平等である」に基づく言い回しです。上の例のように、「全ての…がみな同じというわけではない」といった趣旨の内容を伝える際にも、この言葉をもじった言い方がなされることがよくあります。このツイートでバーニー・サンダース上院議員はN95マスクの予防効果の高さを指摘し、種類の異なるマスクの効果の違いを強調しています。

2. axis of evil「悪の枢軸」

"Nowadays everyone is trying to make some kind of axis of evil out of us, just because we're a great sporting power," Mutko said.

—*Associated Press*, December 1, 2017
"Beleaguered World Cup Gets Dreary
Opener: Russia-Saudi Arabia"

訳例 「最近ではスポーツ大国という理由だけで、皆が私たちをならず者集団扱いしようとする」とムト

コは語った。

解説 ブッシュ大統領（当時）が2002年の一般教書演説でイラン、イラク、北朝鮮の3か国を名指しで批判するために用いた言葉です。日本語でも「悪の枢軸」という訳語で話題になったため、ご存じの方も多いでしょう。1990年代には、北朝鮮、イラク、イラン、アフガニスタン及びリビアを指す rogue nations「ならず者国家」という名称が使用されていましたが、axis of evil のほうがさらに強い非難を込めた言葉になっています。例文はソチオリンピックでロシアが国主導のドーピングを行っていたという非難に対する副首相ムトコの反論の言葉であり、axis of evil を「悪の集団」くらいの比喩的な意味で使用しています。

3. buffer state「緩衝国」

For Poland, which is home to around a million Ukrainians, mainly economic migrants, Ukraine matters as a buffer state which, as long as it survives, keeps Russia further away by nearly another 1,000 kilometers.

—*Voice of America*, February 15, 2022
"Has Ukraine Triggered a Geopolitical

訳例 ポーランドには主に経済移民からなる約100万人のウクライナ人が住んでいるが、そのポーランドにとってウクライナは、存続している限りはロシアを約1000キロ向こうへと遠ざけてくれる緩衝国として重要な存在だ。

解説 地理的に対立し合う大国の間に存在し、2国間の衝突を回避する機能を果たしている国のことを指す言葉です。歴史上、様々な国がこのような役割を持つものとして見なされてきましたが、近年では例文のウクライナに加え、北朝鮮も中国と(アメリカの影響力の強い)韓国の間のbuffer state(緩衝国)と呼ばれることがよくあります。

4. bully pulpit「大統領の権威、大統領ならではの国民に発信する機会」
As president, Trump uses Twitter as a frequent bully pulpit, criticizing political rivals, the media and detractors, as well as to issue warnings and threats to foreign countries, ranging from traditional American allies, including northern neighbor Canada, to longtime adversaries, such as Iran

and North Korea.

—*Voice of America*, April 24, 2019
"Better Than a Direct Message:
Trump Meets Twitter CEO"

訳例 大統領という立場から、トランプ氏はツイッターをしばしば発信の場として用い、政敵やメディア、敵対者を批判し、加えて諸外国に警告や脅迫を発している。北の隣国カナダを含む伝統的にアメリカの同盟国である国々から、イランや北朝鮮などの長年の敵対国に至るまでの様々な国に対してである。

解説 セオドア・ルーズベルト大統領の造語で、大統領の権威やそれに付随する、人々に説得的に語りかけることができる有利な立場を意味します。bullyは「素晴らしい」という意味の形容詞で「素晴らしい説教壇」というのが文字通りの意味です。例文は当時の大統領のトランプ氏がツイッターを持論の発信の場としていたことを、この言葉を用いて表現しています。

5. -gate「…ゲート」

A few weeks ago, when the police first announced it was investigating partygate, it really did look like Johnson's future was hanging in the balance.

—*The Conversation*, April 12, 2022
"Boris Johnson fined by police
over partygate – what happens next?"

訳例 数週間前、警察がパーティーゲートを捜査すると発表した時、ジョンソンの今後は実際に危うそうに思えた。

解説 1970年代に起きたアメリカのウォーターゲート(Watergate)事件以降、政治スキャンダルと思わしき事件に-gateという接尾辞を付けて揶揄するという慣習が定着しています。2020年にイギリスのボリス・ジョンソン首相がロックダウン中に官邸でパーティーを開いていたことが発覚し、例文のようにpartygateの名で呼ばれるようになりました。

6. glass ceiling「ガラスの天井」

Now, I know, I know we have still not shattered that highest and hardest glass ceiling, but someday, someone will.

— Hillary Clinton (2016) Concession Speech

訳例 ええ、そうです。あの最も高く硬いガラスの天井を私たちはまだ打ち破ってはいません。しか

し、いつか、誰かがなしとげるでしょう。

ある特定の人々（特に女性について言われることが多い）が社会のヒエラルキーにおいて高い地位へと上昇するのを妨げる見えない障壁のこと。元々は女性のキャリアアップを阻む壁を指す比喩としてフェミニストたちが使い始めたもので、イギリスの『エコノミスト』誌が男女間の格差を表すものとして発表しているGlass Ceiling Index「ガラスの天井指数」などがよく知られています。例文はヒラリー・クリントン氏が2016年の大統領選挙でトランプ氏に敗れた際に行った敗北宣言のスピーチからの抜粋です。

7. glass half empty / half full
「コップに水が半分しかない／半分もある」
"It is far easier to say nothing than it is to speak words of kindness. It is easier to judge quickly than to take time to understand. It is often easier to see a glass half empty rather than half full."

—*Associated Press*, June 25, 2018
"Melania Trump: Kindness, Compassion Important in Life"

訳例 親切な言葉を口にするよりも何も言わないことのほうがはるかに簡単です。時間をかけて理解

するよりも、すぐに判断するほうが簡単です。コップに水が半分も入っていると考えるよりも、半分しか入っていないと考えるほうが簡単なことも多いです。

解説 コップに半分の水が入っている状態を見てhalf full「半分も入っている」と考えるか、half empty「半分しか入っていない」と考えるかで、その人がポジティブ思考かネガティブ思考かを見分けるという考え方があり、そこから、The glass is half full.をポジティブ思考のたとえ、The glass is half empty.をネガティブ思考のたとえとして用いる表現法が定着しています。この表現の正確な起源については不明のようですが、かつてレーガン大統領が演説で用いたこともありました。上に挙げた例文はメラニア・トランプ氏がSADD（破壊的な決定に反対する学生）の会合で語った言葉の引用です。

8. hermit kingdom「隠者の王国」
   (a) The Trump administration has recently been highlighting various accomplishments, such as the release of U.S. prisoners and the repatriation of the remains of American soldiers, to argue that they have made progress with the hermit kingdom since Trump met Kim in Singapore last

June.

—*Voice of America*, September 10, 2018
"N. Korea's Kim Asks Trump
for Another Meeting in New Letter"

訳例 トランプ政権は最近、昨年6月にトランプが
シンガポールで金正恩と会談して以来、米軍捕虜の
解放や米兵の遺骨送還などさまざまな成果を強調
し、この隠者の王国との間に進展があったことを主
張している。

(b) Western Australia's tough stance on border
closures led to it being dubbed a "hermit king-
dom."

—*Voice of America*, March 3, 2022
"Western Australia Finally Opens Border
After COVID-19 Closure"

訳例 西オーストラリア州は、その国境閉鎖につ
いての厳格な立場から、「隠者の王国」とまで呼ば
れるようになっていた。

解説 元々は中国以外との外交を絶っていた
1637年〜1876年ごろの朝鮮を指す言葉でしたが、
現代では例文のように北朝鮮を指す際にしばしば用
いられます。また、(b)の例は新型コロナウイルスの

感染拡大の中で厳格なロックダウンを敷いたオーストラリアをこの言葉で表現しています。

9. lame duck「レームダック、死に体」

The last quarter of any two-term presidency is referred to as the <u>lame duck</u> session.

—*The Conversation*, January 21, 2015
"Obama defies lame duck fears
with State of the Union address"

訳例 2期務めた大統領の最後の四半期はレームダック・セッションと呼ばれる。

解説 政権を担ってはいるものの、選挙で敗れるなどして退くことが決まっている政治家や、退任が近づき求心力を失った大統領などを指す言葉です。形容詞的に用いて「レームダックの」という意味を表すことも可能ですが、その場合は、lame-duckのようにハイフンが入ることが少なくありません。例文は2期目の任期の終わりが近づいてきたオバマ大統領についての記事からの抜粋です。

10. one small step / a giant leap
「小さな一歩・偉大な飛躍」

"This is one small step for space resources, but

<u>a giant leap</u> for policy and precedent," Mike Gold, NASA's chief of international relations, told Reuters.

—*Reuters*, September 10, 2020
"NASA Sets Out to Buy Moon Resources
Mined by Private Companies"

訳例 NASA（アメリカ航空宇宙局）の国際関係責任者であるマイク・ゴールド氏はロイター通信に対し、「これは宇宙資源にとっては小さな一歩だが、政策と前例という点では大きな飛躍だ」と語った。

解説 人類史上、初めて月面に降り立ったアメリカの宇宙飛行士ニール・アームストロングがその際に口にした言葉、That's one small step for man, one giant leap for mankind.「1人の人間にとっては小さな一歩だが、人類にとっては偉大な飛躍である」に由来する言い回しです。視点を変えて見た場合、意味が大きく変わる事柄について用いられます。

11. the power of our example / the example of our power「模範の力／力の誇示」

People the world over have always been more impressed by <u>the power of our example</u> than by the example of our power.

— Bill Clinton (2008) Prime-time speech

訳 例 これまでも世界の人々に常に感銘を与えて
きたのは私たちの力の誇示ではなく、私たちの模範
の力でした。

解 説 ビル・クリントン氏が2008年の大統領選の
際、オバマ氏の応援演説で用いた言葉ですが、そ
の後、オバマ氏やバイデン氏など民主党の大物政
治家が演説等で同様の趣旨の言葉を使用していま
す。英語では、exampleに「模範、手本」という
意味と「見せること、示すこと」という意味がある
ため、このようにpowerとexampleの位置を入れ替
えるだけで全く異なる内容を表現することが可能な
のです。

12. red/blue state「赤い／青い州」
I pledge to be a president who seeks not to di-
vide, but to unify. Who doesn't see red and blue
states, but a United States.

— Joe Biden (2020) Victory Speech

訳 例 私は、分断でなく結束を目指す大統領にな

ることを誓います。赤い州、青い州ではなく、1つ
の合衆国に目を向ける大統領になることを。

解説 アメリカの州を政治的信条に基づいて区別
する表現で、「赤い州」は共和党寄り・保守寄りの
州を、「青い州」は民主党寄り・リベラル寄りの州
を表しています。選挙結果を報じる際、各候補に
割り当てられた色で地図の州の部分を塗りつぶす慣
例からこのように呼ばれていますが、赤＝共和党、
青＝民主党と色が固定されるようになったのはブッ
シュ氏とゴア氏が争った2000年の大統領選からで
あり、ここ20年で定着した用語と言ってよいでしょ
う。例文はバイデン氏の勝利演説の冒頭近くで、
結束を求め、政治信条で区別しないということを
doesn't see red and blue states, but a United States
「赤い州、青い州にではなく1つの合衆国に目を向
ける」という言葉で表現しています。

13. revolving-door「（回転ドアのように）コロコロ変わる」
Suga's resignation raises the possibility Japan will
return to a period of <u>revolving-door</u> prime minis-
ters that marked much of the past several de-
cades.

—*Voice of America*, September 17, 2021

訳例 菅氏の辞任によって、日本は再び、過去数十年間のうち多くの期間そうであったような、入れ代わり立ち代わり首相が交代する時代に逆戻りする可能性が出てきている。

解説 担当者がどんどん入れ替わる状況を回転ドアにたとえたもので、a revolving doorと名詞で使って、人の入れ替わりが多い組織や状況を指すこともあります。安倍首相の後を継いだ菅氏が1年足らずで辞任した後、英語メディアでも例文のように「回転ドアの時代に戻るのでは」といった言説がよく見られました。また、2022年後半にはイギリスでもボリス・ジョンソン首相の後に新首相となったリズ・トラス氏がわずか1か月半で辞任したことで、ニュースなどでやはりこの言葉を耳にしました。なお、この語はアメリカ英語の俗語で「天下り」を指すこともあります。

14. 単数の they

Gotouge has mentioned Hirohiko Araki's *JoJo's Bizarre Adventure*; Masashi Kishimoto's *Naruto*; Tite Kubo's *Bleach*; and Hideaki Sorachi's *Gin-*

tama as influences on their work.

—"Koyoharu Gotouge" *Wikipedia*

訳例 吾峠氏は荒木飛呂彦作『ジョジョの奇妙な冒険』、岸本斉史作『NARUTO』、久保帯人作『BLEACH』、空知英秋作『銀魂』などを自身の作品に影響を与えたものとして挙げている。

解説 例文では、大ヒット漫画『鬼滅の刃』の作者である1人の人物を、theirで受けていることがわかると思います。everyoneやa teacherなど特定の人物を指しているわけではない総称的な単数名詞を受けるのにtheyを用いる用法は古くからありましたが、この例のように特定の個人を性別などを不問にして受ける際にtheyを用いるのは比較的最近に発達したものです。さらに近年、theyは男女のいずれとも異なる性自認を持つnonbinary（ノンバイナリー）の人を指す単数の代名詞としても用いられるようになっています。この用法は2019年にアメリカの辞書出版社であるメリアム=ウェブスター社が「今年の単語」に選んだことでも注目を浴びました。

15. to boldly go where no human has gone before「人跡未踏の地へと果敢に乗り出していく」

The ocean is one of the last frontiers on Earth. But the world's ever-growing need for minerals and metals is pushing humans to boldly go where no human has gone before [...].

—*Voice of America*, August 3, 2016
"Deep Sea Abyss, New Mining Frontier,
Harbors Unexpected Life"

訳例 海は地球に残された最後の未踏の地の1つだ。しかし、世界における鉱物や金属の需要の一層の高まりにより、人類は誰も足を踏み入れたことのないところへと果敢に乗り出していかねばならなくなりつつある。

解説 to boldly go ...という言い回しはSFテレビドラマの「スタートレック」シリーズのオープニングで毎回流れていたナレーションの一節です。「スタートレック」は1960年代にアメリカのテレビドラマとして始まり、一大メディアフランチャイズへと成長したもので、本作の象徴的な言葉としてもよく言及されます。同じくSF作品の「スター・ウォーズ」に登場するMay the force be with you.「フォースとともにあらんことを」や「ターミネーター」のI'll be back.「また来る」などと並んで、エンターテインメントの世界から日常に普及したイディオムの代表格と言える

でしょう。

16. too big to fail「大き過ぎて潰せない」
Many experts believe the Chinese government
will step in if it appears that Evergrande is facing
collapse — deeming it too big to fail.

—Voice of America, September 23, 2021
"Chinese Officials Warn of Fallout
from Potential Evergrande Default"

訳例 もし恒大集団が破綻(はたん)しそうになったら、中
国政府が「大き過ぎて潰せない」と判断し、介入
するだろうと考える専門家は多い。

解説 1980年代から使用されている言葉ですが、
日本語訳の「大き過ぎて潰せない」は2008年のリ
ーマンショックとそれに続く経済危機の際に特によく
耳にしたという印象を持っている人が多いのではな
いかと思います。一部の企業や金融機関について、
あまりにも規模が大きく破綻すると経済全体に大きな
混乱をもたらすため、危機に陥った時には政府が
介入せねばならないという考え方を表現したもので、
リーマンショックを扱ったノンフィクション作品のタイト
ルにもなりました。例文は2021年に注目を集めた中
国の不動産大手である恒大集団の経営危機につい

190

ての記事の一部です。

17. a tsunami of... 「津波のような…、大量の…」
The World Health Organization is warning that
the rapid circulation of the omicron and delta
variants of the coronavirus is leading to a tsunami
of cases, severe disease and surging deaths among
the unvaccinated.

—*Voice of America*, December 29, 2021
"WHO: Populism, Nationalism, Vaccine
Hoarding Are Prolonging Pandemic"

訳例 世界保健機関は、新型コロナウイルスのオ
ミクロンおよびデルタ株の急速な流通が、ワクチン未
接種者の間で、患者数、重症者数、死者数の大
量増加を引き起こしていると警告している。

解説 tsunami「津波」は英語になった日本語の
1つです。自然現象としての津波を表す言葉として
は19世紀から用いられていたようですが、近年は
例文のように、a tsunami of...で「津波のような…、
大量の…」を表す形もよく見聞きします。otaku「お
たく」やtsundoku「積読」など、日本語から英語
になり辞書にも掲載されている言葉というのはじつ
はそこそこあります。最近では、海外でも影響力の

ある片づけコンサルタントの近藤麻理恵氏にちなんで、KonMariをI decided to KonMari my clothes.「私は服を片づける決心をした」のように「片づける」という意味の動詞で使う用法などが話題になりました。

18. war to end all wars「全ての戦争を終わらせるための戦争」

One of the most anticipated superhero block-busters this summer is *Wonder Woman*. As a woman herself, director Patty Jenkins creates a dynamic female superhero, an Amazon princess who leaves her realm to go and fight a <u>war to end all wars</u>.

—*Voice of America*, May 19, 2017
"Hollywood Is Ready With More
Big-budget Summer Blockbusters"

訳例 この夏、最も期待されているスーパーヒーロー超大作の1つが「ワンダーウーマン」だ。自身も女性であるパティ・ジェンキンス監督は、自分の領地を離れて「全ての戦争を終わらせるための戦争」におもむくアマゾンの女王という、ダイナミックな女性スーパーヒーローを創り上げた。

解説 イギリスのSF小説作家H.G.ウェルズの著作 *The War that will End War* をきっかけとして広まったとされています。第一次世界大戦を指す言葉ですが、第一次大戦は最後の戦争となるどころか、より壊滅的な第二次大戦につながる要因ともなったため、現在は皮肉を込めて使うのが一般的です。例文は2017年の映画「ワンダーウーマン」を紹介したもので、文字通り第一次世界大戦を指すものとして使用されています。実際、映画の中でもヒロインのダイアナにWhat war?「戦争って、何の?」と聞かれて、相手役のスティーブがこの言葉を使って答えるシーンがあります。

チャレンジ問題で腕試し！

　わかりやすく面白い講義を行うことで有名なハーバード大学のマイケル・サンデル教授が一般向けに行った講演からの抜粋です。

　能力主義の普及によって成功者が独力で成り上がったと考える風潮が広まってしまっていることに警鐘を鳴らしている箇所で、エッセンシャルワーカーと呼ばれる人たちの仕事の価値を正しく評価すべきだという内容に続く言葉です。本章で学んできた知識を活かしながら読んでみましょう。

---

1 It is also time for a moral, even spiritual, turning, questioning our meritocratic hubris. 2 Do I morally deserve the talents that enable me to flourish? 3 Is it my doing that I live in a society that prizes the talents I happen to have? 4 Or is that my good luck? 5 Insisting that my success is my due makes it hard to see myself in other people's shoes. 6 Appreciating the role of luck in life can prompt a certain humility. 7 There but for the accident of birth, or the grace of God, or the mystery of fate, go I.

— Michael Sandel（2020）"The tyranny of merit"

(語 句)
• turning：「転換」
• meritocratic：「能力主義の」
• hubris：「傲慢さ」

- due：「当然の対価」
- in one's shoes：「…の立場に立って」
- humility：「謙虚さ」

　第1文は導入で、引用箇所の直前で述べられているエッセンシャルワーカーの評価から、自分たち自身の能力主義による傲慢な態度の見直しの必要性に話題をシフトしています。also「同様に」が2つの話題を結びつけるリンクとしての働きを担っていることに注意しましょう。

　第2～4文は第1文のquestioning our meritocratic hubrisのプロセスで必要となるような具体的な問いを列挙する形。そして、第5～7文はそれらの問いにどう答えるかで私たちの姿勢も変わってくるということを対比的に示しています。

　能力主義の考えを適用すると横柄になりやすいとする第5文に対し、能力に還元できない部分を認めることで謙虚さを持つことができるということを第6文が伝えていることをしっかり読み取りましょう。

　第7文は第6文の焦点であるhumility「謙虚な姿勢」がどういうものかを具体的に言い表したものになっていますが、この第7文の理解において本章で扱ってきた文化的知識が問われます。

　第7文を何の前提知識も持たずに読むと、Thereの後にbut for…が続いたり、文末に突然go Iが出てきたりと見

慣れない形に苦戦するでしょう。しかし、本章をしっかりと読んできた方であれば、There but for the grace of God go I.という聖書に由来する言い回しが「運が悪ければ自分もそうなっていたかも」という意味でよく使用されることを理解しているはずです。

したがって、There but for the accident of birth...と続いた時点で、ひょっとすると例の言い回しかな、と予測を立てることができます。この英文では、the accident of birth, the grace of God, the mystery of fateとbut forに続く名詞句が複数になっていますが、the accident of birthもthe mystery of fateも「運」の要素を象徴しているものであり、the grace of Godと本質的には異ならないというのもポイントです。

この予測があれば、名詞句の列挙が終わったところで出てくるgo Iにも全く戸惑うことなく対応できますね。

訳出に際してはまず、but for the grace of God「運が悪ければ」の部分に、the accident of birth, the mystery of fateの訳を加え、「たまたま生まれたところが違っていれば、運が悪ければ、運命のめぐりあわせがなければ」としなくてはなりません。

また、There … go I.については、由来となった"But by the grace of God I am what I am"「しかし、神の恵によって、今の私がある」という言葉のニュアンスを生かして「こうはなれていなかったかも、今の私はなかったか

も」としたほうがここでは文脈に合う訳文になりそうです。

訳 例

　また道徳的、さらには精神的にも方針を転換し、私たちが持つ能力主義の傲慢な姿勢を疑問視してみる時でもあります。活躍を可能にしている才能に自分は道徳的に見合っているのか？　たまたま自分の才能が賞賛される社会で暮らしているのは手柄なのか？　あるいは運なのか？　自分の成功を当然の対価だと言い張れば、他人の立場に立ってみることが難しくなります。一方、人生において運が役割を果たしていることを認めると、それなりの謙虚さが生まれます。たまたま生まれたところが違っていたら、運が悪かったなら、運命のめぐりあわせがなければ今の自分はなかったかもしれない、と。

　さて、本章では聖書、シェイクスピア、現代の語句やイディオムといった形で3つに分けて背景の文脈の知識が必要になる表現を扱ってきましたが、章の冒頭でも述べた通り、これらはそれぞれが1冊の本で扱ってもよいような奥の深いテーマであり、ここで紹介したのはほんの一部に過ぎません。

　英語を理解するための教養的知識や文化背景などを扱った一般向けの書物はじつはたくさん出版されています。聖書やシェイクスピアについてより詳しい説明を読みたいという方には臼井俊雄『英米人のものの見方を理解するための教養の英語』（ベレ出版）や西森マリー『聖書をわかれば英語はもっとわかる』『世界のエリートがみんな使っているシェイクスピアの英語』（いずれも講談社）などがおススメです。

　より現代的なイディオムについて知りたいという方は杉田敏『英語の新常識』（インターナショナル新書）や『アメリカ人の「ココロ」を理解するための教養としての英語』（NHK出版）などを読んでみると面白いかもしれません。

第 5 章

英語を読む、日本語に訳す

「読む」と「訳す」は切り離せない

　序章でも述べた通り、この第5章では英文を日本語に翻訳する際の難しさを扱いますが、これは少なくとも本書をお読みになっている読者の多くの方にとっては英語の読解力の重要な一部を構成するものです。

　英語の読解と翻訳の関係については、読むことと訳すことを混同すべきではないとか、いちいち日本語に訳そうとするから英語をスムーズに理解できないといった批判を耳にすることがあります。たしかに、こういう批判が当てはまるケースもあるにはありますが、一方で、日本語を母語とする人の視点から言えば、英語を読むことと日本語に訳すことは完全に切り離せるものでもありません。

　英語がほとんど母語になっているようなレベルでない限り、少し複雑な英文を読む際には日本語に置き換えて考えてみることがあるでしょうし、また、日本で生活しながら英語を使うということを考えた場合、そこには英語を解さない人に英文の内容を日本語で説明するということも含まれるでしょう。そういう意味では、英語の難しさの中に、英文を日本語に翻訳する際に生じる諸問題も入ってくると言ってよいと思います。

　英語と日本語のように構造的にも文化背景的にも大きく離れた言語間で翻訳を行う場合、特に問題となるのはどこまで直訳し、どこから意訳するか、という点です。また、どういう意訳なら許容され、どういう意訳だとやり過ぎになる

かも難しい点でしょう。

　こういったことが悩みの種となるのは、翻訳の結果としての日本語文を自然で読みやすいものにしようとすると、かなり大胆な意訳をせざるを得ず、結果として正確ではない訳文になってしまうという問題意識が背景にあるからだと思います。

　今では時代にそぐわない例になってしまいますが、翻訳を女性にたとえ、不実な美女か貞淑な醜女のいずれかしかいないとする有名な言い回しがあります。これも翻訳における正確さと読みやすさはトレード・オフであるという同様の問題意識を言い表したものだとみなせるでしょう。

　大枠としてはこの問題意識は正しいと思いますが、個別に見た場合、直訳が原文の最も正確な言い換えであるという前提が当てはまらないこともかなりあるというのが私の考えです。意訳とされているもののほうが少なくとも意味や内容の観点からは原文を正確に言い換えており、逆に直訳のほうが読み手に誤解を与えるものとなるケースがあるということです。

　本章では特にこのようなケースに焦点を当て、どうして英文の構造をできるだけそのまま日本語に移し替えた直訳が、構造を変えて翻訳した意訳よりも不正確な訳となることがあるのか、また、そういったことを防ぐためにはどういう点に注意すればよいのかを英語と日本語の構造上の違いや、言語の重要な側面である情報の伝達という機能を念頭に置

きながら説明していきたいと思います。

　まずは英語学習、英語教育の分野で一般に「直訳」と呼ばれている訳し方はどういうものなのか、その点から確認してみましょう。

直訳と意訳の違い

　一般に、英語学習や英語教育の場で英文和訳を扱っていて「直訳」という言葉を用いる場合、それは原文の文法構造にできる限り近い構造の日本語文に訳すことを意味します。

　もちろん、英語と日本語は語順も修飾の方法も全く異なるので、あくまで「できる限り近い構造」です。具体例を見てみましょう。

　1.　Taro chose this pen.
　　　直訳例 太郎はこのペンを選んだ。
　　　意訳例 太郎が選んだのはこのペンだ。

　2.　This house is regarded as a symbol of the town.
　　　直訳例 この家は町のシンボルとみなされている。
　　　意訳例 この家を町のシンボルとみなしている。

　1は何の変哲もない英語の標準的なSVOの文です。日本語ではSVOの語順を取ることはできないので語順は変え

ざるを得ませんが、それ以外は英語と同様の最も標準的な文に訳すことが直訳とみなされます。

　一方、意訳例は、「…のは」という形を使ってやや特殊な構造の文になっています（専門用語で「疑似分裂文」と呼びます）。標準的な文を特殊な構文の日本語に訳しているため、これは意訳だとみなされます。

　2は受動態の文です。日本語でも受け身文と呼ばれる同様の構造があるため、その形を使って訳すのが直訳です。一方、意訳例は能動的な文に変えて訳しています。原文に最も近い形の文になっていないので、意訳だということです。

　おおざっぱではありますが、英語教育の現場で「直訳」と「意訳」と呼ばれているものを説明すると、だいたいこのような感じになると思います。

　さて、このように原文とできる限り近い構造の文に訳すことを直訳と呼ぶという、その慣例自体は何ら問題ありません。注意が必要なのは、暗黙のうちに前提とされがちな、文法構造の近さと正確さの等式、つまり、原文の形にできる限り合わせた直訳こそが、意味的にも最も厳密な訳である、という考え方です。

　もちろん、自分はそもそも直訳を正確な訳だとは思っていない、という読者の方もいるかもしれません。そういう方は、特にどういう点で直訳が原文をうまく反映できないことがあるのか、また、どういう意訳が原文の趣旨を伝えるの

に適しているのかについての具体的な事例に注目して以降の節を読んでいただき、わかりやすい訳出を行うためのヒントとしてもらえればと思います。

文が果たしている役割に注目すべき

　直訳は原文に最も近い構造で訳すことなのだから、日本語として自然かどうかは別として、一番正確な言い換えに決まっているではないかと考える人もいるかもしれません。たしかに直訳は、構造や概念的な意味だけで見れば最も近い訳であることが多いと言えます。

　しかし、それがすなわち正確な訳と言えるかはかなり微妙です。文というものは概念的な意味＝事柄を表現するだけでなく、その事柄を聞き手や読み手に可能な限りスムーズに伝えるという役割も担っています。ある1つの事柄を表現するのに、標準的な語順の文に加えて、受動態や倒置構文、分裂文（強調構文）といった複数の表現方法があるのは、聞き手の状況や文脈によって最もスムーズに事柄を提示する方法を使い分けているからです。

　言語が持つこの情報提示機能については翻訳の観点から見て厄介な側面があります。それは、同じ構造、あるいは近い構造であっても、言語間で果たす役割が異なることがよくあるという点です。

　たとえば、英語において受動態の文が果たしている役割を、日本語において受け身の文が果たしているとは限ら

ないのです。これを理解するために次の例を確認してみましょう。

3. Taro Yamada created this game.
   直訳例 山田太郎がこのゲームを作った。

4. This game was created by Taro Yamada.
   直訳例 このゲームは山田太郎によって作られた。

　3は標準的なSVOの文、4はそれを受動態にした文です。訳例はいずれも直訳を付けていますが、情報提示の観点から見ると、4の受動態の英文が持つ重要な役割を日本語の直訳例は再現できていません。それは、Taro Yamadaという名詞を文末に配置して、特にそこに焦点を当てるというものです。

　情報提示の原則的なルールとして、聞き手や読み手がすでに理解している内容を軸に新しい情報につなげるというもの、特にその文の要となる部分は文末に近い位置に配置するというものがあります。

　聞き手や読み手は、ある情報や概念を言葉を前から順番に受け取って理解していきます。どのような順番で情報を出すかによって、受け手側の理解にかかる負荷が大きく変わってくるため、話し手や書き手は特別な理由がない限りできるだけ負荷のかからない配置を心がけます。

その結果、すでに知っている情報をかけ橋にして新しい情報へと聞き手・読み手を促したり、負荷のかかりやすい情報や情報量の多い要素を文末に置いたりするといった配置の仕方が好まれるというわけです。

　この点を前提にすると、英語でSVOの文が表現する内容を伝える際、Sに当たる部分の情報を相手がまだ知らず、そこに焦点を当てたいのであれば、SVOの順番をVを中心にして完全に逆転させることのできる受動態を用いるのは極めて合理的な手段の1つなのです。

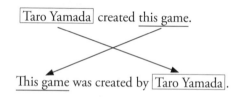

文法構造が近ければ意味も近いのか

　一方、日本語で同じ内容を表現するSOVの文を受け身にしても、動詞句の部分を必ず文末に置かねばならないというルールは変わらないため、主語と目的語の位置を入れ替えることはできますが、最も重要となる部分を文末に置いて、そこにフォーカスするという効果は期待できません。

　山田太郎がこのゲームを作った。
　このゲームは山田太郎によって作られた。

些細なことであり気にするほどの差ではない、と思うかも
しれません。たしかに、4の直訳例がそこまで大きな問題
とならないこともあるでしょう。しかし、英語の受動態は次
のような使い方をすることも可能です。

5. This game was created by … get this … Taro Ya-
   mada himself!

最も重要な情報以外は全て表現してしまい、肝心の情
報の直前で少し時間を置いて「ため」を作るパターンで
す。

日本語で同じことをやると、「作られた」という言葉が出
てくる前に「ため」が入ることになるため、聞き手はかな
り漠然とした状態のまま待たされることになってしまい、英
語と同じ効果は期待できません。

6. このゲームは、… なんと、山田太郎その人によっ
   て作られた！

5の英文の情報提示の方法に最も近い文を日本語で作る
なら、以下のようなものが候補になるでしょう。

7. このゲームを作ったのは … なんと、山田太郎その
   人だ！

この文であれば、「ため」が出てきた時点で肝心な情報以外は全て表現されており、5の英文を読んだ時と同じ印象を受け手側が感じることができると思われます。

　つまり、この文は、原文の受動態という構造を訳に反映していないにもかかわらず、This gameから始まり、Taro Yamadaで終わるという4や5の英文の語順を最も忠実に再現しているため、情報提示の観点でかなり原文に近いものになっているということです。

　ここで、英語に7の構造に対応するような疑似分裂文はあるのだろうか、と疑問に思う人もいるかもしれません。結論から言うと、7と全く同じ構造の疑似分裂文はありませんが、以下のように非常に似た構造は存在します。

8. The person who created this game was, get this, Taro Yamada himself.

　8も最も重要な情報を文末に持ってきているという点では共通していますが、文頭の主語がThis gameではなくなっているという点で4〜5や7とまた少し情報の提示の仕方が異なります。

　これを見てもわかるように、たとえ2つの言語の間に同じあるいは類似した文法構造が存在するとしても、情報の提示の観点から見ると、それが同じ役割を担っているとは言えないのです。日本語の受け身文が英語の受動態と同じ

情報提示の機能を持っているわけでもなければ、英語の疑似分裂文が日本語の疑似分裂文と同じように情報を伝えるわけでもないのです。

したがって、構造的に最も近いものに訳すという意味での従来の直訳「このゲームは、なんと山田太郎その人によって作られた」が、構造的に異なる文に訳す意訳「このゲームを作ったのは … なんと、山田太郎その人だ」より必ずしも正確に原文を反映しているとは言えないのです。

もちろん、7は4〜5の英語の語順に最も近くなっていますが、受動態ではないため受け身の意味は出せていません。仮に7と同じ語順でかつ受け身の意味も出すことができる日本語の文があればより正確だということは言えるかもしれません。しかし、実際はなかなかそこまで都合のよい文は存在せず、結果として訳者は原文の受動態にどういう意図や役割が込められているかを検討し、ベストと思われる訳文を選ぶことになります。

by…の部分で表現されている行為の主体がさほど重要な情報であるとは思われない場合や、受け身の意味が特に要になっていると思われる場合には、4の直訳例のような訳し方を優先するでしょうし、5の例のように明らかに語順が重要な情報提示の機能を担っている場合には7のような訳し方を選ぶでしょう。いずれにしても、文法構造が近いから正確という決めつけはできないということです。

日本語より英語のほうが柔軟？

上の例で、英語の受動態の持つ情報の提示の仕方をできる限り反映させるために「…のは〜」という形の疑似分裂文を用いるという方法を確認しました。じつは、英語の文を情報提示の観点も意識しながら日本語に訳す場合、この疑似分裂文の形の活用が1つのポイントになります。

一般に、英語は語順の縛りが厳しいのに対し、日本語は比較的自由度が高いと言われますが、じつは文末に関して言うと、英語のほうが柔軟な側面もあります。SVOのように目的語で文を完結させられるのはもちろん、副詞句、副詞節、前置詞句などはかなり自由に文末に配置することができるからです。一方、日本語は文末に述語動詞を置かねばならないというかなり強力な原則があるため、文を目的語や副詞的な要素で終わらせることが非常に難しくなっています。

通常の語順、文構造でも文末に目的語や副詞的な要素を置くことができる、というのは、言い換えれば、それらの要素に特に焦点を当てたい場合も、特別な語順や構文を使う必要がないということになります。たとえば、次のような例を見てみましょう。

9. He was much more nervous. I think so because he was more talkative than ever.

10. A: Is this your selection?

   B: No, I didn't choose that ruler. I chose an eraser.

　9の第2文の前半は、I think so「私はそう思う」と第1文の内容をほぼそのまま繰り返すものとなっており、新しい情報をほとんど追加していないことがわかります。

　当然、この文では後ろのbecause節のほうに焦点があり、前半のI think soは第1文で述べた内容を改めて前提として確認し、それを理由のbecause節と接続する役割しか果たしていません。英語では副詞節であるbecause節を何の問題もなく文末に配置することができるため、9の例のように最も標準的な語順のまま、この情報の流れを反映した文を作ることができます。

　続いて、10の例にも目を向けてみましょう。AとBの会話形式になっていますが、Aが「これがあなたの選んだもの?」と聞いていることから、Bが何かを選び、それが話題となっていることがわかります。

　これを前提に考えると、Bの発言の第2文のI chose...「私が…を選んだ」はすでに文脈から前提となっている既出の情報であり、an eraserという目的語に当たる名詞句こそがこの文において最も重要な情報を提示している要素だということになります。

　英語はSVOが標準的な語順の言語なので、このようにOに焦点が当たるような文でも、通常の語順を保ちつつ、

「既出の情報→重要な新情報」というスムーズな情報提示を行うことが可能というわけです。

9の第2文や10の最終文を日本語で表現しようとすると、通常の語順を用いたままではどうしても英語の文が果たしていた流れが再現できません。9については「私は彼がいつにもましておしゃべりだったからそう思う」と情報価値の低いthink soに当たる部分を文末に置かねばなりませんし、10も「私は消しゴムを選んだ」と、文脈からすでに前提となっているchoseに当たる内容で文を締めくくらなければなりません。

11. 私は 彼がいつにもましておしゃべりだったから そう思う。

12. 私は 消しゴムを 選んだ。

こういう時、情報提示の観点から見て英語同様にスムーズな流れを再現する上で、「…のは〜」という疑似分裂文の形が活躍します。この形を使えば、従属節の内容を文

末に配置することも、また、「私が選んだのは消しゴムだ」のように目的語を文末に置くことも可能になるからです。

13. 私がそう思う のは、

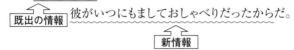

14. 私が選んだ のは 消しゴムだ。

　英語の文には、5の受動態や8の疑似分裂文もどきといった特殊な構文以外にも、9〜10のように通常の語順、構造でありながら、文末に配置した名詞要素や副詞要素にフォーカスを当てている文が多く登場しますが、こういったものをスムーズな情報の流れを崩すことなく日本語に訳すためには「…のは〜」という疑似分裂文を駆使することが極めて重要になるということです。

自然な訳のつくりかた

　さて、すでに気づかれている方も多いかと思いますが、第1章と第2章の訳出の部分で「第5章で扱う」として詳細を先延ばしにしていた部分は、まさにここで紹介してい

る手法を応用することで説明できます。

　まずは、第1章の［3］の英文（以下に［1］として一部再掲）から見てみましょう。

---

［1］（＝第1章の［3］）

1 Second, the reason for this lack of embarrassment relates to the meritocratic emphasis on individual responsibility. 2 Elites dislike those with lesser educations more than they dislike poor people or members of the working class, because they consider poverty or class status to be, at least in part, due to factors beyond one's control.

— Michael J. Sandel（2020）*The Tyranny of Merit*

訳 例

　第二に、このように（学歴の低い人を見下しても）それを恥じいることがない理由は能力主義における自己責任の重視と関係している。 エリートたちが貧しい人々や労働者階級の人々よりも学歴の低い人々に嫌悪感を持つのは貧困や階級は少なくとも部分的には個人ではどうしようもない要因によるものと考えているからだ。

下線部分の訳例が「…からエリートたちは〜する」という構造通りのいわゆる直訳ではなく、「エリートたちが〜のは…からだ」という疑似分裂文の形になっていますが、これはまさに上の9と同じ理由です。

　この英文ではElites…the working classという前半部分が文脈からすでに明らかになっている情報であるのに対し、その理由を述べているbecause以下が焦点となっていて、既出の内容を起点として、そこから焦点となるより重要な情報へとつながる流れになっています。日本語でもこれと同じ流れを再現するために疑似分裂文を用いた訳出を行っているというわけです。

　続いて、第2章の［4］の英文（以下に［2］として一部再掲）です。こちらはもう少し複雑な要素が絡んでいます。

---

［2］（＝第2章の［4］）

₁ I am told that there are natural singers and made singers. ₂ Though of course he must have something of a voice the made singer owes the better part of his accomplishment to training; with taste and musical ability he can eke out the relative poverty of his organ and his singing can afford a great deal of pleasure, especially to the connoisseur; but he will never move you as you are moved to ecstasy by the

---

pure, bird-like notes of the natural singer.

—W. Somerset Maugham（1938）*The Summing Up*

訳 例

　歌い手には生まれついての歌い手と、努力でなった歌
い手がいると言われている。後者の歌い手もそれなりの声
はもちろん持っているが、その歌唱力の大部分は訓練によ
るものだ。センスのよさと音楽的な技能によって声帯の貧弱
さを補い、その歌は、特に愛好家には大きな喜びをもたら
すことができる。<u>しかし、このタイプの歌い手が絶対に与
えてはくれない感動を与え、恍惚とさせてくれるのが、純
粋で鳥のような歌声を持つ生まれついての歌い手だ。</u>

　第2章でも言及した通り、下線部はここで比較対照され
ているthe made singerとthe natural singerについて、前
者から後者へと視点をシフトさせる機能を果たしています。

　the made singerのみに言及している直前の文との関連
で言えば、下線部の主語のhe=the made singerが既出の
情報であるのに対し、文末のthe natural singerは新しい
情報という、上で見てきた事例と同様の流れになっていま
す。

　ただし、この文で注意が必要なのは、第1文ですでに
natural singersに言及があるため、文脈全体で見ると、

the natural singerも既出の内容であるという点、また、he（＝the made singer）とthe natural singerの違いを表現しているmoved to ecstasy by the pure, bird-like notesの部分にも新しい情報が一部含まれている点です。

　こういった事情から、この文を「…のは〜」というシンプルな疑似分裂文で訳そうとすると、やや不自然になってしまいます。次の例を見てもわかる通り、この形は「…」に話し手と聞き手が共有している前提、「〜」に聞き手にとって新しい情報を配置するのが原則であり、これが当てはまらない文脈には適していないからです。

15. A：「来週、誰が関西に出張するんでしたっけ。山
　　　田さんでしたっけ」
　　B：「関西に行くのは鈴木さん。??沖縄に行くのは山
　　　田さんだよ」

　かといって、as節の内容を前に持ってくるいわゆる「直訳」をすると、文としての違和感は消えるかもしれませんが、he（＝the made singer）→ the natural singerという視点の移行が再現されません。

　この問題を解決するための1つの方法が、「…のが〜」という「のが」タイプの疑似分裂文を使うという方法です。15のBの発言の第2文を「のが」タイプに変えてみると、以下のように自然な文になります。

16. A：「来週、誰が関西に出張するんでしたっけ。山田さんでしたっけ」

    B：「関西に行くのは鈴木さん。沖縄に行くのが山田さんだよ」

　この疑似分裂文では「…」に文脈の中ですでに出ているものと対照的な関係にある情報、「〜」に既出の情報を配置することができるためです。まさに [2] の下線部のような英文を英語の語順を維持したまま訳す際にはもってこいの機能というわけです。

　なお、［訳例］の下線部の文末の the pure, bird-like notes of the natural singer の部分についても「生まれついての歌い手の純粋で鳥のような歌声」という「直訳」ではなく「純粋で鳥のような歌声を持つ生まれついての歌い手」という「意訳」を採用していますが、これも可能な限り文末に近い位置に the natural singer の訳語に当たる言葉を持ってくるための工夫の1つです。

チャレンジ問題で腕試し！①

　本章で確認してきた翻訳のテクニックを活かしてさらに実践練習をしてみたいという人向けにチャレンジ問題として2種類の英文を用意しました。

　1つ目は子供が言葉を身につけていくプロセスを追いながら、文法の様々な側面を解説したイギリスの英語学者デヴィッド・クリスタルの著作からの抜粋で、文のレベルを超えて文章レベルの文法へと話が向かいつつある箇所です。

　情報の流れを意識しながら、翻訳してみて下さい。

₁ Sentences may be the building blocks of communication, but they are a means to an end, not an end in themselves. ₂ We do not usually speak and write in isolated sentences: we speak and write in the sentence-sequences I've been calling *discourses*. ₃ In speech, discourses include conversations, dialogues, monologues, lectures, sermons and broadcasts; in writing, books, scripts, pamphlets, blogs, advertisements, and newspaper articles.

— David Crystal (2017) *Making Sense*

（語句）
- building block：「構成要素、基本単位」
- a means to an end：「目的に対する手段」
- isolated：「孤立した、単独の」

- monologue：「独り言」
- sermon：「説教」

　第1文は前半部で一般論に譲歩した上で、but以下で最も言いたい主張を展開する形になっています。これは日本語でも「なるほど、たしかに…だが、しかし〜」という形でよく用いられる論法であり、直訳でもさほど問題にはなりません。

　注意が必要なのは第2文からです。第2文の前半の We do not usually speak and write in isolated sentences という部分を直訳すると、「私たちは通常、孤立した文で話したり書いたりしない」となります。

　特に問題のある訳ではありませんが、私たちが日常において話したり書いたりしていることは常識的な前提なので、この文が否定しているのは専ら「孤立した文で」の箇所であり、また、この「孤立した文で」の否定こそがこの文の情報の要であるということがわかります。

　ここから、「私たちが通常話したり書いたりする際に使うのは孤立した文ではない」といった訳し方も可能であるということをこの時点で理解しておくと、後半の解釈や訳出も楽になります。

　「話したり書いたりするのに使うのは孤立した文ではない」と言っているわけですから、当然、では何を使うのか、という方向に意識が向かうでしょう。この視点で後半

部に目を向ければ、we speak and write の部分は前提である「私たちが話したり書いたりする」という情報の繰り返しであり、in the sentence-sequences…「…文の連なり」こそが情報の要となる部分だということが見えてきます。

第2文の前提となっている情報と、新たに追加されている重要な情報を図で表すと以下のようになります。

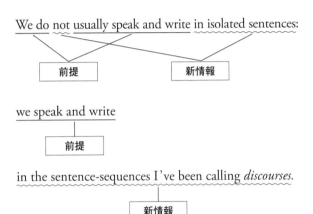

当然、後半部の訳出は前提部であり旧情報でもある前半を先に背景として訳し、後半の新情報の部分にフォーカスする形が最もスムーズだということになるため、「私たちは…文の連なりで話したり書いたりする」という直訳よりも、「私たちが話したり書いたりする際に用いるのは、…文の連なりだ」という訳が望ましいことになります。

なお、前半部も「のは」分裂文を使って訳している場合は、焦点である in the sentence-sequences... のみを訳せば十分、意味が通るでしょう。

第3文以降も同様に注意が必要です。「話し言葉」と「書き言葉」の2つの領域に分けて、discoursesの具体例を紹介している形ですが、主語が旧情報、目的語が新情報であることに加え、その目的語の情報量がかなり大きいものになっているため、日本語でもできるだけこの語順を反映し、Oの後にあまり情報量の大きい要素を置かないほうがよいと考えられます。

ここから、動詞 include の「例として含む」という意味も踏まえ、「ディスコースの例としては、…がある」のような訳出も可能だろうと考えられたかがポイントですね。なお、「書き言葉」を説明した後半部では、前半との共通要素である discourse include が省略されていることに注意しましょう。

In speech, <u>discourses</u> include

conversations … and broadcasts;

| 旧情報 |

| 新情報 |

in writing, ~~discourses include~~

books … and newspaper articles.

訳 例

　たしかに、 文はコミュニケーションの構成要素かもしれないが、 あくまで目的に対する手段であり、 目的そのものではない。 普段、 話したり書いたりする際に用いるのは孤立した文ではなく、 ここで「ディスコース」と呼んでいる文の連なりだ。 話し言葉では、 ディスコースの例として会話や対話、 独り言、 講義、 説教、 放送などがある。 一方、 書き言葉では、 書物やスクリプト、 パンフレット、 ブログ、 広告、 新聞記事などだ。

チャレンジ問題で腕試し！ ②

　さて、 次の英文は19世紀のイギリスの思想家ジョン・スチュアート・ミルの代表作 *On Liberty* からの抜粋で、 思想、 信仰の自由を説いた第2章の一節に当たります。

　仮に特定の信仰や思想を持つ人が迫害を受けたとしても、 それが真理であれば迫害に打ち勝って普及するから懸念には当たらないという主張に対して、 迫害によって思

想や信仰が消滅した例もあると反論している箇所になります。

　訳出の工夫はもちろんのこと、情報の流れをヒントに、解釈の段階から予測を用いたスムーズな読みができるかも確認してみて下さい。

---

1 Persecution has always succeeded, save where the heretics were too strong a party to be effectually persecuted. 2 No reasonable person can doubt that Christianity might have been extirpated in the Roman Empire. 3 It spread, and became predominant, because the persecutions were only occasional, lasting but a short time, and separated by long intervals of almost undisturbed propagandism. 4 It is a piece of idle sentimentality that truth, merely as truth, has any inherent power denied to error, of prevailing against the dungeon and the stake.

— John Stuart Mill (1859) *On Liberty*

語句

- persecution：「迫害」
- save：「…を除いて」
- party：「集団、一団」

- extirpate：「根絶させる、消滅させる」
- propagandism：「布教活動」
- idle：「事実に基づかない、根拠のない」
- the dungeon and the stake：「地下牢と火刑（宗教に対する迫害の象徴）」

　第1文は前置詞saveとwhere節内のtoo…to 〜構文にさえ注意すれば難しい箇所はありません。「異端者の集団の力が強すぎて抑えつけられないような場合を除くと、迫害は常に成功してきた」ということですね。

　第2文は第1文の内容を例で補強する形になっています。「might＋have＋動詞の過去分詞形」は「…だった可能性がある、…でもおかしくなかった」と過去の事実とは異なることを想像して述べる仮定法過去完了。つまり、「キリスト教がローマ帝国で根絶やしにされていた可能性があることを、まっとうな考え方をする人で疑う人は誰もいない」というのが直訳です。

　英語の語順をできるだけ生かしつつ通りのよい訳文にしようとするなら、二重否定を肯定に置き換え「まっとうな考え方をする人であれば誰もが、キリスト教がローマ帝国で根絶やしにされていた可能性があることを認めるだろう」と訳すといった工夫も可能でしょう。

　最大のポイントは第3文です。訳し方の問題だけでなく、本書の第1章で強調した予測法が身についているかどうか

のよい試金石となると言えるかもしれません。It spread, and became predominant,という前半部分ですが、ここまで読んだ時点で後ろに状況や理由、手段などを表す副詞的な語句が出てくるのではないか、と予測できたでしょうか。

　キリスト教が最初は迫害されつつも生き残り、一大宗教として世界に広がったことはほぼ常識的な事実です。加えて、ここでは直前に「キリスト教は根絶やしにされていた可能性もある」という仮定法の文があるため、事実はそれとは逆であるということが文脈上も示唆されていると言えます。

　この流れで第3文に目を向けるならば、It spread, and became predominant「それ（＝キリスト教）は広まり、優勢になっていった」という前半部には、読者にとって既知の情報しかないことが明らかです。何らかの新しい情報と結びつけない限り、この文をここに置く意味がないため、後ろに説明が続くはずだと構えることができるというわけです。

　さらに予測の精度を高めると、前文で示唆されているキリスト教消滅の可能性から、実際にそうはならなかった背景に何らかの特別な要因があったことも読み取れます。したがって、その特別な要因の説明がなされるのではないかと想像することも可能でしょう。

　この読み方ができている人であれば、特にあれこれ考えずとも、最初から「それが広まり、優勢になっていったのは…だからだ」というbecause節にフォーカスを置いた訳し方を最も自然なものとして選択するのではないでしょうか。

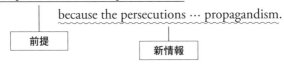

　さらにbecause節の内部でもう一工夫必要です。the persecutions（S）were（V）only occasional...,（C）という前半はそのままでよいとして、後半の(were) separated by long intervals of almost undisturbed propagandismが受動態の形になっていて、最後に最も重要な情報が配置されています。動詞句を最後に持ってこざるを得ない日本語のルールに従うと、「長期にわたるほぼ邪魔の入らない布教活動によって分割されていた」となって、この流れが反映されません。

　一方、「迫害を分割していたのは…」という疑似分裂文の形は、迫害の合間に何かが行われていたことがすでに前提となっているような響きがして、この文脈ではやや不自然です。ここは、long intervals of almost undisturbed propagandismという名詞句を読みほどいて「布教活動が長期にわたってほぼ妨害されずに行われていた」と主語と述語を持つ文のような構造にしてやると、違和感を生み出すことなく最も重要な情報を末尾に持ってくることができます。

　最後の第4文は構文がやや複雑です。Itが形式主語、

that節が真の主語で、全体として「that以下は事実に基づかない感情論だ」という意味になる点はよいでしょう。that節内の構造の核はtruth（S）（,merely as truth,）has（V）any inherent power（O）というSVOですが、目的語（O）であるany inherent powerに続く部分で少し注意が必要です。

まずは、denied to errorがpowerを修飾する過去分詞句であることをしっかりと把握しましょう。denyは「与えない、認めない」という意味なので、この部分を直訳すると「誤謬には認められていない」となりますが、シンプルに「誤謬にはない」とすることもできます。

さらに、コンマ(,)を挟んで後ろに続くof prevailing…という前置詞句が、powerの内容を説明するフレーズになっていることも見抜かなければいけません。まとめると、any inherent power …the stakeは「地下牢や火刑にも打ち勝つ、誤謬にはない本来的な力」ということになります。

構造

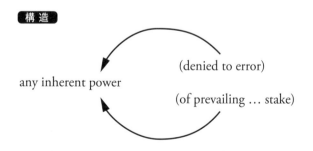

228

　迫害は異端者の勢力が強過ぎてうまく抑えつけられなかった場合を除けば常に成功してきた。まっとうな考え方をする人であれば誰もが、キリスト教がローマ帝国で根絶やしにされていてもおかしくなかったことを認めるだろう。そうならずに普及して、優勢になっていったのは、迫害が断続的で短期間しか続かず、その合間合間に長期にわたる布教活動がほぼ妨害されることなく行われていたからだ。真理であれば単にそれだけで誤謬にはないような本来的な力が備わっていて、地下牢や火刑にも打ち勝てるなどというのは事実に基づかない感情論なのだ。

　本章では英語から日本語への翻訳にフォーカスを当て、直訳＝原文を厳密に言い換えた正確な訳、意訳＝原文の形を変えて言い換えた分正確さを欠いた訳、という認識は必ずしも正しくないということを、言語学、英語学の分野で「情報構造」といった項目で扱われている事項を参考にしながら確認してきました。

　もちろん、ここで述べたようなことは、翻訳という極めて複雑なプロセスに含まれるほんの一部に過ぎません。実際に様々な英語を日本語に訳していると、もっと複雑な問題にも出会うことでしょう。

　そういったものに対する接し方をより詳しく知りたいという方は、翻訳の専門家が書かれた著作、たとえば、越前敏弥著『「英語が読める」の9割は誤読』（ジャパンタイムズ出版）や金原瑞人著『翻訳エクササイズ』（研究社）などを紐解いてみるのもよいかもしれません。

　読み込んだ洋書がある（やさしいものでかまいません）というような方であれば、訳しにくそうな箇所を実際に訳してみて、市販の訳書と比較してみることも大いに勉強になります。

あとがき

　本書の企画の話を頂戴した際、かつて学生時代に読んだ生活人新書の『誰がこの国の英語をダメにしたか』（澤井繁男）という本のことが頭に浮かんだ。

　英語という科目を1つのサンプルに教育のあり方についてかなり痛烈に批判した内容の本だ。棚から引っ張り出して改めてページをめくってみると、今の視点からは完全には頷くことができない箇所も少なくない。だが、若い頃の自分にはその尖った内容がむしろ心地よく、夢中になって読み耽った思い出の一冊でもある。それもあってだろうか。生活人新書の流れを汲むNHK出版新書から本を出すのであれば、よい意味で「尖った」ものにしなければ、という思いがあった。

　本書は読解力に関連する要素を5つの段階に分けて、それぞれの視点から一歩先のレベルに進むための方法論を解説していく形になっている。形式こそありふれたものだが、各章の要所要所で自身の読書や指導経験から帰納的に導き出した考え方やルールをできる限り伝えられるよう努力した。

　単なる文法上の判断にとどまらない文構造の予測の仕方（第1章）や、すでに持っている知識を活用して語彙を増やす方法（第3章）、情報の流れと日英語の構造の違いを考慮に入れた意訳術（第5章）など、一般向けの学習書でははっ

きりと言語化されることの少なかった英文読解の諸側面に多少なりとも光を当てたつもりだ。

　もちろん、その試みがどこまで成功しているか、果たして本書が当初意図したような「尖った」内容になっているかどうか、その判断はここまでお読みいただいた読者の方々に委ねることとしたい。筆者としては、本書がかつての自分のようにこれから果てしない英語の世界に飛び込もうとしている人にとっての1つの刺激剤となってくれれば、これに勝る喜びはない。

　本書の完成までには多くの人のお力をお借りした。何よりも執筆の機会を提供してくださり、企画から刊行に至るまで、時には丁寧に言葉を尽くして有益なアドバイスをくださったNHK出版放送・学芸図書編集部の山北健司氏には心より感謝申し上げたい。山北氏の助言のおかげで独りよがりになることなく、読者の視点をイメージしながら執筆に当たることができた。

　また、慶應義塾大学の助教を務める畏友、石川大智君には文学研究者の視点から原稿を読んでもらい、折に触れて内容についての相談にも乗ってもらった。特に第3〜4章に関しての豊富かつ鋭いコメントの中には、原稿に反映させていただいたものも多くある。この場を借りてお礼申し上げる。

　2023年3月1日

北村 一真

主要参考文献

Aarts, Bas, Jill Bowie and Gergana Popova (eds) (2019) *The Oxford Handbook of English Grammar*, Oxford University Press.

Biber, Douglas, Stig Johansson, Geoffrey N. Leech, Susan Conrad and Edward Finegan (2021) *Grammar of Spoken and Written English,* John Benjamins.

Dorgeloh, Heidrun and Anja Wanner (2022) *Discourse Syntax: English Grammar beyond the Sentence*, Cambridge University Press.

Huddleston, Rodney D., and Geoffrey K. Pullum (2002) *The Cambridge Grammar of the English Language*, Cambridge University Press.

Huddleston, Rodney D., Geoffrey K. Pullum and Brett Reynolds (2022) *A Student's Introduction to English Grammar, second edition*, Cambridge University Press.

Kehler, Andrew (2002) *Coherence, Reference, and the Theory of Grammar*, CSLI Publications.

Lambrecht, Knud (1994) *Information Structure and Sentence Form*, Cambridge University Press.

Pinker, Steven (2014) *Sense of Style: The Thinking Person's Guide to the 21st Century*, Penguin Group (LLC).

Quirk, Randolph, Sydney Greenbaum, Geoffrey Leech, and Jan Svartvik (1985) *A Comprehensive Grammar of the English Language*, Longman.

Safire, William〔[1968] 2008〕*Safire's Political Dictionary*, Oxford University Press.

臼井俊雄(2013)『英米人のものの見方を理解するための教養の英語』ベレ出版

大井光隆（2021）『英語の教養——英米の文化と背景がわかるビジュアル英語博物誌』ベレ出版

北村一真（2019）『英文解体新書——構造と論理を読み解く英文解釈』研究社

北村一真（2021）『英文解体新書2——シャーロック・ホームズから始める英文解釈』研究社

北村一真（2021）『英語の読み方——ニュース、SNSから小説まで』中公新書

北村一真・八島純（2022）『知識と文脈で深める上級英単語 LOGOPHILIA』アスク

スティーヴ・マックルーア（2021）『これからの英単語』アルク

西森マリー（2014）『世界のエリートがみんな使っているシェイクスピアの英語』講談社

西森マリー（2013）『聖書をわかれば英語はもっとわかる』講談社

引用文献

【序章】

2. Henry James（〔1880〕2007）*Washington Square*, Penguin Classics. (69)

【第1章】

本格的な英文で実践演習①〜予測のポイントはどこか

[1] Joe Biden (2020) Victory Speech
https://www.washingtonpost.com/politics/2020/11/07/annotated-biden-victory-speech/

[2] Kateryna Yushchenko Tweet (2022 / 2 /22)
https://twitter.com/KatyaYushchenko/
status/1495874535538708490?s=20&t=cyiulzGvLLbeWL1d_WQiTw

[3] Michael J. Sandel (2020) *The Tyranny of Merit* : *What's Become of the Common Good?* , Farrar, Straus and Giroux. (96)

本格的な英文で実践演習②

[1] CNN Tweet (2023 / 1 / 17)
https://twitter.com/CNN/status/1615167048845348869

[2] Charles Darwin（〔1887〕2002）*Charles Darwin Autobiographies*, Penguin Classics. (37)

チャレンジ問題で腕試し！

Washington Irving（〔1820〕1999）*The Legend of Sleepy Hollow and Other Stories*, Penguin Classics. (53)

【第2章】

[1] NYT Cooking (2018) "Perfect Instant Ramen"
https://cooking.nytimes.com/recipes/1016583-perfect-instant-ramen

[2] Lafcadio Hearn（〔1904〕2019）*Japanese Ghost Stories*, Penguin Classics. (167)

[3] "Craft beer" *Wikipedia : the free encyclopedia*.
https://en.wikipedia.org/wiki/Craft_brewery_and_microbrewery

[4] W. Somerset Maugham（〔1938〕1963）*The Summing Up*, Penguin Twentieth -Century Classics. (56)

[5] "Tokyo Disneyland or Universal Studios Japan, which is better? Poll reveals sharp regional divide," *Japan Today* (2020/5/16)
https://japantoday.com/category/features/lifestyle/tokyo-disneyland-or-universal-studios-japan-which-is-better-poll-reveals-sharp-regional-divide?comment-order=popular

チャレンジ問題で腕試し！

Adiya Dixon (2008) *To Japan, with Love*, NHK Publishing. (42-44)

【第4章】
聖書の言葉は近現代英語の根幹〜「新約聖書」に関連する表現・言い回し

1. Barack Obama (2009) Obama's First Inaugural Address
   https://obamawhitehouse.archives.gov/blog/2009/01/21/president-Barack-obamas-inaugural-address

2. Donald Trump (2017) Trump's Inaugural Address
   https://trumpwhitehouse.archives.gov/briefings-statements/the-inaugural-address/

3. Joe Biden (2021) Biden's Inaugural Address
   https://www.whitehouse.gov/briefing-room/speeches-remarks/2021/01/20/inaugural-address-by-president-joseph-r-biden-jr/

4. Boris Johnson (2021) Johnson's Christmas Message
   https://www.youtube.com/watch?v=fmmTo9lxyPA

5. "This week has shown us how far feminism still has to go,"
   The Guardian (2021/3/11)
   https://www.theguardian.com/commentisfree/2021/mar/11/women-feminism-reminder-vulnerability

6. "Leak Gives Details on Over 30,000 Credit Suisse Bank Clients," *Voice of America* (2022/2/20)
   https://www.voanews.com/a/6451389.html

7. "Godzilla — a tale of the times," *The Conversation* (2015/9/20)
   https://theconversation.com/godzilla-a-tale-of-the-times-47834

8. "Malawi Launches Campaign to Eradicate Malaria By 2030," *Voice of America* (2021/6/22)
   https://www.voanews.com/a/africa_malawi-launches-campaign-

eradicate-malaria-203/6207331.html

9. "Heavy Shelling Hits Kharkiv on 6th Day of Russian Invasion of Ukraine," *Voice of America* (2022/3/1)

https://www.voanews.com/a/heavy-shelling-in-kharkiv-on-6th-day-of-russian-invasion-of-ukraine-/6464322.html

10. "There's a fly in the ointment of solar-powered LED lighting," *The Conversation* (2015/11/9)

https://theconversation.com/theres-a-fly-in-the-ointment-of-solar-powered-led-lighting-49838

11. "Trump to tout U.S. economy, urge fair trade at elite Davos forum," *Reuters* (2018/1/20)

https://jp.reuters.com/article/us-davos-meeting-trump-idUSKBN1F82F4

12. "Ready to Fight: Biden Leans into Racial Debate With Democrats," *Voice of America* (2019/7/25)

https://www.voanews.com/a/usa_us-politics_ready-fight-biden-leans-racial-debate-democrats/6172665.html

13. "What fewer women in STEM means for their mental health," *The Conversation* (2015/10/5)

https://theconversation.com/what-fewer-women-in-stem-means-for-their-mental-health-47446#:~:text=A%20study%20of%20women%20in,and%20higher%20incidences%20of%20depression

14. "Living with complexity: evolution, ecology, viruses and climate change," *The Conversation* (2016/5/25)

https://theconversation.com/living-with-complexity-evolution-ecology-viruses-and-climate-change-59750

15. "Cambodian Business Hopes to Change Attitudes With World Economic Forum," *Voice of America* (2017/5/9)

https://www.voanews.com/a/cambodian-business-hopes-to-change-attitudes-with-world-economic-forum/3844036.html

16. "Laws, Police Visits Create 'Climate of Fear' for Thai Media,"

Voice of America (2022/1/25)

https://www.voanews.com/a/laws-police-visits-create-climate-of-fear-for-thai-media/6412301.html

古典は日常の中に生き残っている〜シェイクスピアの響が見られる表現・言い回し

1. 北村一真（2019）『英文解体新書──構造と論理を読み解く英文解釈』研究社、（3）

2. "French Rivals Macron, Le Pen Debate in Final Days Before Election," *Associated Press* (2022/4/21)
   https://www.voanews.com/a/rivals-macron-and-le-pen-debate-clash-in-final-days-before-french-presidential-election/6538767.html

3. "Asian Faiths Try to Save Sacred Swastika Corrupted by Hitler," *Associated Press* (2022/12/4)
   https://www.voanews.com/a/asian-faiths-try-to-save-sacred-swastika-corrupted-by-hitler/6853228.html

4. "What Will Taiwan Do If China Invades?," *Voice of America* (2021/12/21)
   https://www.voanews.com/a/what-will-taiwan-do-if-china-invades/6360122.html

5. "Bigfoot, the Kraken and night parrots: searching for the mythical or mysterious," *The Conversation* (2017/4/23)
   https://theconversation.com/bigfoot-the-kraken-and-night-parrots-searching-for-the-mythical-or-mysterious-75695

6. "Ebola Virus in DR Congo Significantly Contained, But Remains Dangerous," *Voice of America* (2019/10/10)
   https://www.voaafrica.com/a/africa_ebola-virus-dr-congo-significantly-contained-remains-dangerous/6177381.html

7. "Computer Pioneer Arnold Spielberg, Steven's Dad, Dies at 103," *Voice of America* (2020/8/26)

https://www.voanews.com/a/usa_computer-pioneer-arnold-spielberg-stevens-dad-dies-103/6195037.html

8. "Chappie suggests it's time to think about the rights of robots," *The Conversation* (2015/3/10)

https://theconversation.com/chappie-suggests-its-time-to-think-about-the-rights-of-robots-37955

9. "Something wiki this way comes," *The Japan Times* (2006/1/22)

https://www.japantimes.co.jp/opinion/2006/01/22/editorials/something-wiki-this-way-comes/

10. "To bathe or not to bathe (often). That is the question," *CNN* (2022/5/14)

https://edition.cnn.com/2022/05/14/health/bathing-frequency-hygiene-wellness/index.html

歴史や社会現象に対する感性をみがこう

1. Bernie Sanders Tweet (2022/1/20)

https://twitter.com/BernieSanders/status/1480684630168809477

2. "Beleaguered World Cup Gets Dreary Opener: Russia-Saudi Arabia," *Associated Press* (2017/12/1)

https://www.voanews.com/a/beleagured-world-cup-dreary-opener-russia-saudi-arabia/4146282.html

3. "Has Ukraine Triggered a Geopolitical Awakening in Europe?," *Voice of America* (2022/2/15)

https://www.voanews.com/a/has-ukraine-triggered-a-geopolitical-awakening-in-europe/6442677.html

4. "Better Than a Direct Message: Trump Meets Twitter CEO," *Voice of America* (2019/4/24)

https://www.voanews.com/a/better-than-a-direct-message-trump-meets-twitter-ceo-/4888519.html

5. "Boris Johnson fined by police over partygate — what happens next?," *The Conversation* (2022/4/12)
   https://theconversation.com/boris-johnson-fined-by-police-over-partygate-what-happens-next-181215

6. Hillary Clinton (2016) Hillary Clinton's Concession Speech
   https://www.vox.com/2016/11/9/13570328/hillary-clinton-concession-speech-full-transcript-2016-presidential-election

7. "Melania Trump: Kindness, Compassion Important in Life," *Associated Press* (2018/6/25)
   https://www.voanews.com/a/melania-trump-kindness-compassion-important-in-life/4453382.html

8(a). "N. Korea's Kim Asks Trump for Another Meeting in New Letter," *Voice of America* (2018/9/10)
   https://www.voanews.com/a/n-korea-s-kim-asks-trump-for-another-meeting-in-new-letter/4565754.html

8(b). "Western Australia Finally Opens Border After COVID-19 Closure," *Voice of America* (2022/3/3)
   https://www.voanews.com/a/western-australia-finally-opens-border-after-covid-19-closure-/6468095.html

9. "Obama defies lame duck fears with State of the Union address," *The Conversation* (2015/1/21)
   https://theconversation.com/obama-defies-lame-duck-fears-with-state-of-the-union-address-36445

10. "NASA Sets Out to Buy Moon Resources Mined by Private Companies," *Reuters* (2020/9/10)
   https://www.voanews.com/a/science-health_nasa-sets-out-buy-moon-resources-mined-private-companies/6195745.html

11. Bill Clinton (2008) Prime-time speech
   https://www.npr.org/2008/08/27/94045962/transcript-bill-clintons-prime-time-speech

12. Joe Biden (2020) Victory Speech

https://apnews.com/article/election-2020-joe-biden-religion-technology-race-and-ethnicity-2b961c70bc72c2516046bffd378e95de

13. "'Straight-Talking' Kono Has Slim Lead as Japan PM Race Begins," *Voice of America* (2021/9/17)

https://www.voanews.com/a/straight-talking-kono-has-slim-lead-as-japan-pm-race-begins/6232442.html

14. "Koyoharu Gotouge" *Wikipedia: the free encyclopedia*

https://en.wikipedia.org/wiki/Koyoharu_Gotouge

15. "Deep Sea Abyss, New Mining Frontier, Harbors Unexpected Life," *Voice of America* (2016/8/3)

https://www.voanews.com/a/abyss-harbors-unexpected-life/3447574.html

16. "Chinese Officials Warn of Fallout from Potential Evergrande Default," *Voice of America* (2021/9/23)

https://www.voanews.com/a/chinese-officials-warn-of-fallout-from-potential-evergrande-default-/6242961.html

17. "WHO: Populism, Nationalism, Vaccine Hoarding Are Prolonging Pandemic," *Voice of America* (2021/12/29)

https://www.voanews.com/a/who-populism-nationalism-vaccine-hoarding-are-prolonging-pandemic/6374502.html

18. "Hollywood Is Ready With More Big-budget Summer Blockbusters," *Voice of America* (2017/5/19)

https://www.voanews.com/a/hollywood-ready-summer-blockbusters/3862502.html

チャレンジ問題で腕試し！

Michael Sandel (2020) "The tyranny of merit"

https://www.ted.com/talks/michael_sandel_the_tyranny_of_merit?language=en

【第5章】

チャレンジ問題で腕試し！

David Crystal (2017) *Making Sense: The Glamorous Story of English Grammar*, Oxford University Press. (77)

John Stuart Mill（〔1859〕2006）*On Liberty* and *The Subjection of Women*, Penguin Classics (35)

北村一真 きたむら・かずま

1982年生まれ。
慶應義塾大学大学院後期博士課程単位取得満期退学。
学部生、大学院生時代に関西の大学受験塾、
隆盛ゼミナールで難関大受験対策の英語講座を担当。
滋賀大学、順天堂大学の非常勤講師を経て、
2009年に杏林大学外国語学部助教に就任。2015年より同大学准教授。
著書に『英文解体新書』(研究社)、『英語の読み方』(中公新書)、
『知識と文脈で深める上級英単語ロゴフィリア』(共著、アスク出版)、
『ジャパンタイムズ社説集2022』(解説執筆、ジャパンタイムズ出版)など。

NHK出版新書 698

英文読解を極める
「上級者の思考」を手に入れる5つのステップ

2023年4月10日　第1刷発行
2023年5月10日　第2刷発行

著者　北村一真　©2023 Kitamura Kazuma

発行者　土井成紀

発行所　NHK出版
〒150-0042 東京都渋谷区宇田川町10-3
電話 (0570) 009-321(問い合わせ) (0570) 000-321(注文)
https://www.nhk-book.co.jp (ホームページ)

ブックデザイン　albireo

印刷　壮光舎印刷・近代美術

製本　二葉製本

NHK出版新書好評既刊

NHK出版新書好評既刊